FOREWORD　刊行に寄せて

「自社らしさ」という資源を生かしたサステナビリティ経営のために

　企業のサステナビリティへの意識が加速度的に高まっている。

　サステナビリティ経営は決して目新しい概念ではない。以前はCSR（企業の社会的責任）や環境経営などと呼ばれ、本業とは切り離された傍流の概念として捉えられていたが、近年はサステナビリティを中期・長期の経営計画の軸に盛り込む企業も増えてきた。

　サステナビリティ、あるいはサステナブルという言葉が世界に知られるようになったのは、1984年に国連に設置された「環境と開発に関する世界委員会」で、1987年に打ち出された「持続可能な開発＝sustainable development」にさかのぼる。

　以後、1992年に開催された「地球サミット」の「アジェンダ21」、日本が議長国として世界各国の温室効果ガス削減の目標を取りまとめた1997年の「国連気候変動枠組条約第3回締約国会議（COP3）」、1999年、当時の国連事務総長であったコフィー・アナン氏が「世界経済フォーラム」において、企業市民として遵守すべきイニシアチブとして提唱した「グローバル・コンパクトの10原則」、2001年に国連で設定された開発途上国を対象とした「ミレニアム開発目標（MDGs）」、そして2015年の「持続可能な開発目標（SDGs）」が設定されることで、サステナビリティの系譜は脈々と受け継がれ、流れは加速した。あわせてさまざまな評価機関が勃興し、多様なガイドライン、イニシアチブが生まれていった。すると次第にその重心は欧米に移り、いつしか日本企業は数値目標に汲々とし始めたのである。

　さかのぼれば、日本は江戸時代には究極のリサイクル社会を築き、企業は「世間」というマルチステークホルダーの中で持続的な発展を図り、近代以降は少ない資源を生かすべく、高効率な生産技術やマネジメント手法の開発を重ねてきた。CSRや環境経営対応についても世界に先んじた対応を見せている。日本企業はサステナビリティ対応においては紛れもなく高いポテンシャルを持っている。

　われわれ日本能率協会（JMA）は、日本企業の良さを理解している。ゆえに数値目標の追求にとどまらない、日本企業に潜むポテンシャルを引き出し、欧米が提唱するサステナビリティを契機とした、新たな価値を創造する日本型サステナビリティ経営を提示したいと考え、本書を企画した。

　世界の動向や政府の動向をさまざまな識者、専門家から伺い、日本企業の現在地とその評価を概観し、そのうえで「自社らしさ」という資源を生かしたサステナビリティ経営に取り組む企業とその手法について解説した。

　本書がサステナビリティマネジメント実践者の道標を明るく照らし、新たな成長エンジンとならんことを強く願っている。

2024年3月
日本能率協会

THinK! シンク!別冊 No.13

CONTENTS

「自社らしさ」が新たな価値を創り出す

サステナビリティ経営が
切り拓く日本の未来

Chapter 4 サステナビリティマネジメント

1

日本企業のポテンシャル

江戸時代には究極のリサイクル社会を実現し、「世間」というマルチステークホルダーの中で事業を持続的に発展させ、少ない資源を最大に生かす高効率な生産を図ってきた日本の企業。間違いなくサステナビリティマネジメントのリーダーたる資質を備えている。だが国際社会における評価は芳しくない。ポテンシャルは高い。問われているのはその引き出し方、リーダーシップの在り方だ。

特別対談

日本企業に求められる変革とは
サステナビリティ経営に、数字合わせではなく継続の覚悟を

サステナビリティの分野で国連が果たしてきた役割は大きい。

複雑に錯綜しながらも現在進行形でルールメイキングが進む国際規範やフレームワークを前に、

日本、そして企業にはどのような変革が必要なのか。

グローバル・コンパクト・ネットワーク・ジャパン 有馬利男 代表理事と、

日本能率協会 会長 中村正己が、サステナビリティにおいて日本にいま求められるリーダーシップを語った。

Photo: Aiko Suzuki　Text: Shun Kato

中村 正己　　有馬 利男

一般社団法人日本能率協会 会長

一般社団法人グローバル・コンパクト・ネットワーク・ジャパン
代表理事

■ サステナビリティは「数合わせ」では実現しない

中村　国連グローバル・コンパクト（UN Global Compact、以下 国連GC）は、国連と民間が手を結び、健全なグローバル社会を築くための世界最大のサステナビリティイニシアチブとして名高いです。ここ数十年にわたって、国連はサステナビリティの重要性を説く唱道者として、「持続可能な開発」の指導的役割を果たし、世界を牽引してきました。今日に至るまでの変遷を教えてください。

有馬　「持続可能な開発とは何か」を初めて定義したのは、1984年に設置された「環境と開発に関する世界委員会」、すなわち「ブルントラント委員会」でした。1987年の報告書「Our Common Future」では「将来世代のニーズを損なうことなく現在の世代のニーズを満たすこと」が重要だと定義されており、サステナビリティの考え方はここから始まったと見る向きがあります。それまでの国連は、1948年に採択された世界人権宣言による「人権」が主流な課題でした。それが、1992年のリオ地球サミットにて「地球環境」を主題とする大きな流れを生み出しました。この地球環境の課題については、現在は「気候変動枠組条約」と「生物多様性条約」により、国連主催のCOP（国連気候変動枠組条約締約国会義）が取り組むようになりました。

当時のサステナビリティの黎明期を振り返ると、アメリカとソ連の冷戦が終わり、グローバリゼーションが急ピッチで広がる移行期にありました。ただ、その過程で産業セクターによる環境破壊、大量の森林破壊や児童労働などのさまざまな問題が無視できないところまで来ていました。

2000年当時の国連事務総長であるコフィー・アナン氏はそうした状況に危機感を覚え、「グローバル市場を人間の顔が見えるようなものにしよう」と各国のビジネスリーダーに提案したのが国連GCの起源です。その後、「人権」「労働」「環境」そして「腐敗防止」の4分野と10項目の行動原則を掲げる、国連とビジネスが協業するためのプ

ラットフォームとなりましたが、それまでの「人権」と「環境」を重視する流れが統合されたというわけです。そしてその2ヵ月後、MDGsを導入し、今日のSDGsにつながっています。さらには、国連とビジネスが協業する2つのイニシアチブ「ESG投資」のPRI*¹と「ビジネスと人権」を生み落としました。

　私は、コフィー・アナン氏が生み落としたこの4つのイニシアチブの今日への影響は大きいと思っています。国連GCは2024年2月末現在、2万4000を超える企業や団体が加盟する「世界最大のサステナビリティ推進組織」と言われるようになっています。

　日本能率協会がサステナビリティ経営を意識し始めたのも1990年にまでさかのぼることができるそうですね。

中村　おっしゃるとおりで、当時の会長である十時昌が継承した「市民主義経営」に、その原点となる思想が垣間見えます。当時は、日本経済にまだ勢いがあった頃でしたが、世界を席巻した日本的経営の行き詰まりが指摘され始めてもいました。そうした中で、十時は企業が果たすべき社会的責任の再定義が必要だと考えました。企業は自社利益だけを追求すればいい存在ではない。社会の公器として、かかわるステークホルダー全般、顧客や従業員、協力者、株主、地域住民などのマルチ・ステークホルダーに対して適正に利潤を分配することの重要性を説いています。そして、「いまこそ、日本企業は謙虚に経営の在り方を見つめ直すべきだ」と呼びかけ、それが協会の理念として現在まで継承されています。

　私が有馬さんと初めてお会いしたのは、もう10年以上も前ですよね。この市民主義経営を原点に、私どもが新たに提唱する「KAIKA経営モデル」というマネジメント手法を啓蒙し、普及していくために「KAIKA Awards」という賞を設けたいとご相談に上がったのが最初でした。組織の活性化と社会性、そして個人の成長という現代版の「三方よし」を目指すこのモデルにご賛同をいただき、有馬さんには審査委員長を10年間、お務めいただきました。有馬さんは、近年のサステナビリティをめぐる現況をどう見ているのでしょうか。

有馬　SDGsは目標とする「持続可能な開発のための2030アジェンダ」までの半分が終わったところですが、進捗は芳しくありません。2023年開催のSDGsサミットにおける国連のレポートによると、データが取得可能な145のインデックスのうち、順調に進捗しているターゲットは15%でした。30%についてはむしろ後退、あるいは停滞しています。加えて日本の進捗度は、2017年の世界11位から毎年後退を続け、2023年は21位に落ちてしまっています。

　電通の調査によると、日本のSDGsの認知率は約90%と高い水準にある一方で、理解度は一般生活者が30%台、中小企業は40%台にまで下がっています。日本の企業の99.7%が中小企業ですから、これは憂うべき状態です。

中村　その現況を受けて、日本企業が変革すべき点は何なのでしょうか?

有馬　サステナビリティに取り組む意識を変えることだと思います。日本企業が総じて得意なところもあるのです。たとえば、「ジェンダー平等」のように特定のターゲットを定めると皆一生懸命に取り組みます。この真面目さは日本企業の特徴と言えます。ところが、ジェンダー比率を均等にするとい

国連グローバル・コンパクト立ち上げのきっかけをつくったコフィー・アナン氏。国連GCは国連総会でSDGs推進の中核組織にも指名されている

（写真提供：DPA／共同通信イメージズ）

うような数字合わせを行いながらも、その根底にある平等意識やルールづくりなどにまではなかなか目が向かない。それが欧米との違いだと指摘されています。

また、気候変動に関する日本の評価もあまりよろしくない。COPにおいても、気候変動対策に消極的だと判断した国を選ぶ「化石賞」を、日本は4年連続で受賞するという不名誉な状況にあります。リデュース、リユース、リサイクルの3Rは得意である一方、新しいビジネスモデルを組み込み事業成長させるまでの戦略性への昇華には不得手な傾向が見えます。

江戸時代の日本は当時の世界最先端をいくサーキュラーエコノミーだったと言われますが、現在の日本が取り組む3Rはリサイクルした素材を単にもう一度使用するという、一方通行に近い「リニア型」だと言えます。一方、EUを中心に広がるサーキュラーエコノミーでは、サイクルの中に新しいビジネスモデルを取り入れる戦略性が見て取れるものが多いです。たとえば、スポーツブランドのNIKEは子どもの靴をリサイクルして貸し出すビジネスを始めました。子どもは靴が破けるよりも前にサイズが合わなくなるので、それを取り替えて貸し出す仕組みです。これにより、新たな顧客を増やす戦略性を持ったビジネスモデルに変えていったわけです。

このように、欧米では「ESGの取り組みによりきちんと収益も上げる」という戦略性をもってビジネスモデルを考える、ポジティブな思考が強い傾向

にあります。日本企業は戦略性というよりも、罰則や法規制のようなネガティブな問題の予防や回避のために、仕方なく取り組む感覚が、まだ強い気がします。ですから、グローバルに事業展開する日本の大手企業には、欧米企業が得意とする「本質の追求」や「戦略性の追求」が求められていると自覚したうえで、サステナビリティ・トランスフォーメーションとなる変革に取り組んでもらいたいです。ESGはビジネスチャンスだと言葉では言われますが、これから本当の意味でチャンスと捉えてチャレンジできている企業が増えていくことを願ってやみません。

日本の強みになるのは
地方・中小企業の潜在力

中村 数字合わせではなく、戦略性を持ったビジネスモデルへの変革が重要というのはそのとおりですね。気候

変動への対応やカーボンニュートラルに熱心に取り組む企業は多く見られますが、サステナビリティ経営とはそれだけではない、と。社会責任とガバナンスも含めた、ESGの統合的な取り組みが求められていますね。

有馬 そうですね。現在、EUでは気候変動やカーボンニュートラルだけではなく、「ビジネスと人権」の法制化が進んでいます。今後はこの流れが日本にも及ぶことでしょう。大企業から中小企業にまで波及していくと言われています。これには、アナン氏の「国連とビジネスの協業」という戦略性と、それを通じて「人間の顔を持つグローバル市場をつくり上げよう」というビジョンが通底しているように思います。

EUでビジネスと人権の法制化が進めば、EUと取引する大企業はサプライチェーン、そしてバリューチェーンにも取り組みを広げていく必要があります。企業各社には、ますます自社に

とどまらないリーダーシップが求められていくでしょう。

中村 日本企業は欧米企業と比較するに、ダイバーシティも含めて、人権についてはまだ遅れている部分があるように感じます。サステナビリティマネジメントにおいてどこが強くてどこが弱いのかをいま一度見直して、戦略の地図を描いていく必要があるようですね。

私がもっとも重要だと考えているのは、日本の企業のメジャーメントがグローバルスタンダードと少しずれていることです。グローバルの動きに日本が主導的な立ち位置でかかわっていければ、価値観の根底がさらに変わるような気がしています。

有馬 そうですね。グローバルスタンダードは大半がEUを中心に動いています。日本がより関与していくべきだと指摘されています。

私個人の期待としては、今後の日本は、中小企業の潜在力が強みになるかもしれません。脱炭素の領域では、環境省において第1回から第4回までに全国の36道府県の95市町村からの74提案が環境省に採択されています。日本企業の99.7%が中小企業であり、その多くが地域で独自の事業展開をしているか、大企業のサプライチェーンにつながっています。そういった中小企業が地方創生のプログラムや地方金融機関とうまく組み合わさり、さらには大企業のネットワークと連携していければ、大きな力を発揮するだろうと期待できます。

気候変動に限らず、サプライチェーンにおける人権や腐敗防止の面でも同様です。いまの日本のサステナビリティは、主に大企業が一生懸命に取り組む傾向にありますが、膨大な数の中小企業をその中に組み入れていく戦略や仕掛けが出てきてもよいのかなと思いますね。

中村 日本企業は、勤勉であり誠実であり、責任感も非常に強い傾向にあります。観光産業に見られるようなホスピタリティも大きな特徴ですから、その良さを伸ばして技術力やイノベーション力を加えていくと、日本らしさがさらに尖っていくでしょうね。

有馬 おっしゃるように、日本には明らかに正しいことであれば誠実な態度で取り組む性質があります。日本企業はすでに、RE100*2やTCFD*3、そしてSBT*4のように、行うべき対応が決まっているものについては意欲的に参加をしています。RE100では日本は84社*5と、アメリカに次ぐ2番目の企業数で、SBTでは640社*6が入りイギリスやアメリカとほぼ同水準で増加傾向です。そしてTCFDでも1470*7社が参加しており世界第1位です。今後もこういったイニシアチブは増加していくと考えられるため、日本企業は引き続き積極的に参加して良い事例を示すことで、世界のリーダーシップを取れるような存在になれると思います。

中村 そうすると、今後は国内のみでなくアジアも含めて世界の企業とどのように協力し合えるのか、そして日本の素晴らしさを伝えていけるか、という視点が非常に重要になっていきますね。

日本能率協会は中立的な立場であるために、一社単独で提唱しても通じがたいことや実現しがたいことを、代表して産業界や政府に対して提言していく活動を行っています。私どもは、会員各位の要望を的確に事業に反映させるために評議員会を設けていますが、分野別と地域別とで7つの評議員会がある中で、この2年はカーボンニュートラルが共通テーマです。国内だけでなくアジアの工場見学も行い、個社だけでは難しい領域の問題意識を共有し、各社のやり方をそれぞれ見て学んでいくという場づくりも行っています。

有馬 国連GCとしては、加盟の企業や組織が2万4000を超えるほど巨大になり、世界65ヵ国にネットワーク組織が広がっています。その半分は大手企業ですが、この巨大な組織におけるサステナビリティとSDGsの実践については、質の向上、行動力の強化を目指しています。日本のGCNJにおいても加盟は約600社、さらにはその70%が大企業であるという影響力を、日本と世界のサステナビリティの推進にいかに発揮させていくかを内部で議論しているところでもあります。

経営者が持つべきは「継続の覚悟」

中村 日本企業に求められるサステナビリティマネジメントについて伺ってきましたが、最後に、経営者が果たすべき役割をどう考えますか。

有馬 企業は、継続企業の前提(ゴーイング・コンサーン)を基にさまざまな

日本企業のSDGsの取り組みの現状

図表1　企業がSDGsの各ゴールのうち、どのゴールを重点に選んで活動しているか（複数回答）　2021：n=208　2022：n=259

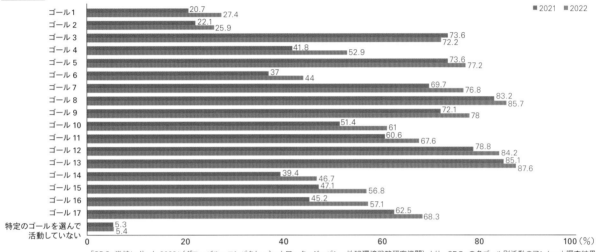

「SDGs進捗レポート 2023」（グローバル・コンパクト・ネットワーク・ジャパン、地球環境戦略研究機関）より、SDGsの各ゴール別活動のアンケート調査結果

図表2　SDGsをどのように経営に組み込んでいるか（複数回答）　5000人以上：n=143　250〜4999人：n=89　10〜249人：n=27

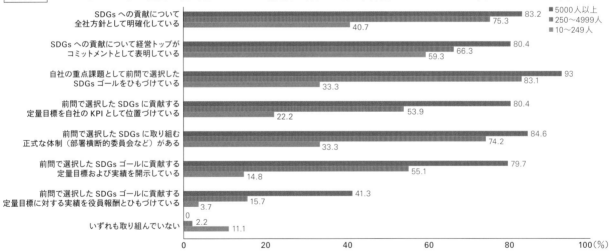

「SDGs進捗レポート 2023」（グローバル・コンパクト・ネットワーク・ジャパン、地球環境戦略研究機関）、SDGsをどのように経営に組み込んでいるかのアンケート調査結果より作成

ことが取り決められています。そう考えると、サステナビリティはいまに始まった話ではなく、企業経営の本質にもともと存在する価値観だと言えます。

実は、中国古典でも同様のことがうたわれています。約1400年前の唐の文献を見ると、2代目皇帝の太宗の話に「国を創業することと成熟した国を維持すること、どちらが重要で難しいか」という問いがあり、その答えとして「維持のほうが重要であり、難しい」と記されているのです。国の経営の話ではありますが、企業にとってもまったく同じだと思います。

サステナビリティは単なる西洋から

SUSTAINABILITY MANAGEMENT

PROFILE

有馬 利男（ありま としお、左）

1967年国際基督教大学教養学部卒業。1967年富士ゼロックス株式会社（現・富士フイルムビジネスイノベーション株式会社）入社。1996年同社常務取締役、Xerox International Partners 社長兼CEOを経て、2002年富士ゼロックス株式会社代表取締役社長へ就任。2007年取締役相談役、2008年より一般社団法人グローバル・コンパクト・ネットワーク・ジャパン 代表理事。

中村 正己（なかむら まさみ、右）

1975年明治大学商学部卒業。1975年4月一般社団法人日本能率協会入職。1994年4月産業振興本部長、2000年6月理事産業振興本部長、2003年4月理事経営・人材革新事業本部長、2006年6月専務理事・事務局長（理事長代行）、2009年6月理事長事務局長、2012年4月理事長、2016年より会長。

の輸入品、あるいは国連が勝手につくったものではありません。サステナビリティを初めて定義した源流である「ブルントラント委員会」は1984年に編成されましたが、これはその2年前の1982年に国連環境計画（UNEP）において、日本政府が特別委員会を提案したことでつくられたものです。日本の働きかけがあってこそ今日があるという、特別な縁があるものなのです。

日本にはサステナビリティで先進的な役割を果たせるポテンシャルがあります。企業各社を見ても、日本能率協会の市民主義経営で言及されたように、マルチ・ステークホルダーを重要視する考えは、ごく一般のものです。高いポテンシャルがあるのですから、サステナビリティに取り組むことは自社を変革させるチャンスと捉えて、経営

者自らがサステナビリティ・トランスフォーメーションの旗振り役を果たしていただきたいものです。

中村 サステナビリティ経営について、KAIKA Awardsを有馬さんとご一緒する中でもっとも強く感じたことは、企業のトップである経営者のマインドが強く影響するということです。従業員からのボトムアップで理解を得るには限界がありますから、継続する覚悟を経営者が守りきれるかどうかに尽きると思います。

有馬 そうですね。近江商人の「三方よし」に見られるように、日本企業は歴史的に見ても、収益一本やりではない経営を行ってきました。これからはそのメンタリティと経験を活かして、マルチ・ステークホルダーに対応しながら収益を上げ、サステナブルな

経営手法をつくり上げていくことに期待したいですね。「新しい資本主義」とは、そのような経営思想と経営手法なのではないかと思います。 ❶

＊1 Principles for Responsible Investment：責任投資原則
＊2 Renewable Energy 100％の略称。事業活動で消費するエネルギーを100％再生可能エネルギーで調達することを目標とする国際的イニシアチブ
＊3 Task Force on Climate-related Financial Disclosures：気候関連財務情報開示タスクフォース
＊4 Science Based Target：パリ協定が求める水準と整合した企業が設定する温室効果ガス排出削減目標
＊5 2024年2月時点
＊6 2023年7月時点
＊7 2023年10月時点

◆ 参考文献

株式会社電通「第6回『SDGsに関する生活者調査』」

独立行政法人中小企業基盤機構「中小企業のSDGs推進に関する実態調査」

COLUMN

小宮 太郎

一般社団法人
日本能率協会 専務理事

◇◇ 日本のサステナビリティ史 ◇◇

日本版サステナビリティの源流
「市民主義経営」をひもとく

バブル経済の余熱がまだ残る1991年。『市民主義経営』という一冊の本が書店に並んだ。

著者は当時日本能率協会の会長だった十時昌。

日本能率協会専務理事の小宮太郎は「十時の説いた市民主義経営は、現在のサステナビリティ経営の考えと

共通する。30年経ってようやく時代が追いついてきた」と語る。

いま改めて、サステナビリティ経営の源流と言える「市民主義経営」をひもといてみる。

Photo:Takashi Oguchi　Text: Shun Kato

富国強 "産" の拡大経済のただ中、「市民主義経営」を提唱

日本能率協会の第5代会長、十時昌（ととき あきら）が「市民主義経営」を提唱したのは、バブル崩壊直後の1991年。それまで成功していた日本的経営が行き詰まり、根本的解決を求められた時期でした。市民主義経営について説明するためにも、当会の歴史など背景部分から説明します。

当会は、1942年に生産能率の増進を図るという目的で、当時の商工大臣・岸信介のあっせんにより発足した団体です。終戦までの3年間は、軍需産業向けのコンサルティングをしていました。終戦後はGHQによって解散を迫られましたが、日本の戦後復興のためになんとか存続を許されました。ただし、国からの補助金もすべて打ち切られての再スタートです。

1955年ごろからは終戦からの復興と朝鮮戦争特需を背景に、日本は高度経済成長期に突入します。終戦後あまり重要視されていなかった日本の産業が、世界に進出してきた時代です。戦後冷戦に突入した米国では、ソビエト連邦（当時）と対峙するため、日本をいち早く成長させる必要があったのです。

その頃から盛んに「日本的経営」という言葉が使われました。国内産業が発展途上の時代は国内消費にとどまりましたが、日本人の強みでもある「勤勉さ」によって高品質な製品が生み出され、やがて国内産業は国境を意識せざるをえない時代がやってきます。

1960年以降、経済成長によって豊かになっていく市民からの支持を受け、日本企業は「富国強産」の掛け声の下、拡大を続けました。ところが、高度経済成長期の末期から、企業は急激に市民の支持を失い始めます。その背景として、一つは市民生活が著しく向上したこと、もう一つは日本企業が大規模になったことが挙げられます。市民生活が豊かになったことで、人々はそれまで気にならなかった生活への小さな障害が目につき始めたのです。

1980年代から1990年にかけて、企業が排出する公害の影響は甚大になり、やがて無視できないほどになっていきました。これが、市民と産業の間に対立関係を生じさせた背景です。同時に日本の産業は巨大化し、国境を飛び越えてその活動圏や影響圏が世界に拡大していく「世界化」が起こり始めます。このような時代背景の中、1990年に当時の会長だった十時が提唱したのが「市民主義経営」でした。

企業は拡大を唯一の目的とする経営をやめ、拡大なき安定した繁栄を目指すべきである。企業のもっとも重要な社会的使命を、新しい価値の創造であると位置づけ、企業の人々が世界に通用する考えや行動を身につけることで、「世界化」しなければならない。この「市民主義経営」の理念は、まさに現在の「サステナビリティ経営」に通じるものです。十時は30年以上前から、この持続可能な経営方針に気づき、提唱していたのです。

しかし、1991年に書籍『市民主義経営 企業の論理から市民の論理へ』を出版した当時は、誰にも理解されていなかったといいます。日本では日本電信電話公社の民営化によるNTT株の高騰と急落に沸き、資本主義礼賛の真っただ中。誰も安定繁栄や企業の社会貢献などには思いもおよばなかったのでしょう。

私が当会に入会した頃には十時はすでに他界していたため、残念ながら直接の面識はありません。しかし、現会長の中村正己からは、「豪放磊落」を絵に描いたような豪快な性格だったと聞いています。中村は十時の弟子として直接教えを受ける機会に恵まれ、だいぶ影響を受けたようです。

私自身は、大学卒業後、新卒でゼネコンに7年半勤めた後、日本能率協会に入りました。入職当初は、FOODEXという国際的な食の展示会を担当し、その後、海外洋上研修で企業や団体リーダー・候補者を対象にしたマネジメント研修を担当しました。

当会では、十時や私を含め、中途キャリア採用人材が9割を占めています。いろんな業界の人間が知識と人脈を持って集まることで組織が強くなるという「集団天才」を行動指針としているからです。また、共に働くメンバーは、お互いをプロフェッショナルと認め合い、尊敬し合うという立場から、役職名ではなく「さん」づけで呼び合う

習慣があります。この習慣のおかげで、お互いに言いたいことを言い合える組織風土が醸成され、戦後の激動期を越えて、産業界に貢献する知恵を生むことができたのでしょう。

「市民」の支持を得ることで企業の存立を図る

「市民主義経営」の背景には、江戸時代中期に全国的規模でビジネスを展開していった近江商人の経営哲学「三方よし」の精神があります。「売り手と買い手がともに満足できるのは当然のこと、社会に貢献できてこそよい商売である」という概念で、いまのCSR（企業の社会的責任）にもつながります。

「市民主義経営」とは、「市民」の支持を得ることで企業の存立を図る経営です。ここでいう「市民」を現代風に「マルチ・ステークホルダー」と読み替えるとわかりやすいでしょう。「市民主義経営」では、顧客や従業員、協力者、株主や融資者などの利害関係者だけでなく、企業の影響圏内にいる人々、そして影響圏外にいる人々までもを「市民」とみなし、企業行動を律しています。企業の影響圏外までを「市民」に含めている背景には、企業規模の拡大によって影響範囲が広がったことや、企業は社会に貢献する「公器」であるべきという概念の出現があります。

たとえば、化学メーカーなどは、地域の方々に支持されなければその場に存在すらできません。万が一にも爆発したり、有毒物質が流出したりすると、ことは重大で、地域住民との信頼関係は非常に重要です。だからこそ化学メーカーは、ステークホルダーの支持を前提として「存立」することを、長年にわたって重視すべきです。

また、「市民主義経営」では、直接の海外活動がなかったとしても、企業行動の際には必ず世界を考えなければならないと規定しています。日本企業はすべて、世界との関係を抜きにしては考えられないと心得るべきなのです。

十時の著書『市民主義経営 企業の論理から市民の論理へ』。サステナビリティが世界の潮流となった今日にこそ、読まれるべき本といえる

「豪放磊落」を絵に描いたような性格だったという十時

このように「市民主義経営」では、経済万能から脱皮を果たし、企業論理から市民の論理へと視点を変え、独創的な個性によって地域に存立し続けなければならないことを提唱しています。また、同時に世界に対する企業行動の原則をも示しているのです。

市民主義経営チェックシート	No.			19　年　　月　　日作成		
チェックする企業行動　　　件名				作成者		
市民の区分 企業行動	顧客 A	従業員 B	協力者の 人々 C	株主 D	影響圏の 人々 E	一般社会の 人々 F
企業行動の基本にする原則 — 経済万能からの脱皮 1						F-1
企業行動の基本にする原則 — 企業の論理から市民の論理へ 2						F-2
企業行動の基本にする原則 — 独創の重視 3						F-3
企業行動の基本にする原則 — 個々の市民の重視 4						F-4
企業行動の基本にする原則 — 企業の個性の確立による棲み分け 5						F-5
世界化の促進 — 世界との関係の重視 6						F-6
世界化の促進 — 構造改革の主役になる 7						F-7

市民主義経営の定義

市民主義経営とは、「市民の支持」を得ることによって、企業の「存立」を図ることを基本とする経営であって、その重点は以下のとおりである。

※市民の支持を企業存立の基盤とすること
※支持を得るべき市民を明確にすること
※市民とは、国内だけでなく、全世界の市民を対象にすること
※市民を対象にしてその指示を得ることを目標にして企業行動を開発すること
※産業の使命に基づいて企業行動に明確な原則を決めること
※企業行動を絶えずチェックして原則を譲らないような仕組みをつくること

市民主義経営での行動基準

1. 主体性の確立
2. リーダーシップ
3. 発信の重視
4. 生産性

十時が整理、考案した「市民主義経営のチェックシート」と市民主義経営の定義、行動基準

「アジア共・進化」で三方よしの精神を打ち出す

　現在の「サステナビリティ経営」は、まさに「市民主義経営」の概念そのものです。狭い日本では、生産の中核を担う工場を密集した住宅地の中に建てる場合もあります。発展のためと称して公害、騒音、悪臭などを工場外に垂れ流すわけにはいかないのです。製造業も化学メーカーも、生き残っていくためには地域に迷惑をかけないよう、経営方針を転換してきました。だからこそ日本では、

世界に先立ってマルチ・ステークホルダーとのエンゲージメントを重要視する「市民主義経営」が生まれたのでしょう。

　しかし、海外からサステナビリティ基準が逆輸入されたことで、日本企業は欧米型のフレームワークによる経営評価によって、そのままでは高評価を得にくい構造に苦しんでいます。だからこそ、市民主義経営を最初に掲げた私たち日本能率協会が、日本企業の良さを理解したうえで世界的なサステナビリティ基準にも適合できるよう各社を支援していくべきなのです。

　日本経済はバブル経済崩壊後、「失われた30年」とネガティブに捉えられています。しかし、それこそが拡大

成長を基礎とする既存の価値観にとらわれたものではないでしょうか。もちろん、健全な危機感は必要です。日本は少子高齢化社会となり、人口減少は止められないでしょう。しかしこの30年は、単に失われたわけではなく、さまざまな経験をしてきた30年でもあります。

　日本にとって決して「失われた」30年ではありません。いままで日本企業は「隠匿の美」という考えに象徴されるように、自社の社会性ある活動を積極的に発信することをしてきませんでした。アメリカやヨーロッパが新たに提唱するサステナビリティやSDGsというフレームワークを金科玉条のごとく受け入れ、従うばかりではなく、日本企業の倫理観や従業員の幸せを大事にする考え方にも、もっと自信を持つべきです。企業はただ存在するだけではなく、すべてのステークホルダーから支持され続けなければなりません。これが「三方よし」の精神であり、日本企業が長年培ってきた考え方の通底にいまも生きているはずです。

　2012年、当会では当時の会長であった山口範雄が「アジア共・進化」を提唱しました。もちろん欧米のサステナビリティ経営の枠組みを意識することも大切ですが、日本は「三方よし」の精神をアイデンティティとし、アジアと共に進化し、次の時代の豊かさをつくり出すことを打ち出していかなければなりません。そのためにも当会はアジア共・進化事業を立ち上げ、各国のリーダー、政府機関や経済団体とパートナーシップを結び、世界に対してアクションを起こしていくことが大事だと考えています。

PROFILE

小宮 太郎（こみや・たろう）

1972年埼玉県出身。亜細亜大学では硬式野球部に所属、4年時には学生コーチを務めた。経営学部経営学科卒業後、1995年東急建設株式会社に入社。大手私鉄工事現場の渉外や決算安全管理業務、離島リゾート開発事業などに従事。2002年に一般社団法人日本能率協会に入職。展示会や海外研修、ものづくり振興事業、「シリコンバレーニュージャパンサミット」などを手掛ける。2018年産業振興センター長に就任。バンコク、上海でのカンファレンスを実施。2020年理事就任、2022年専務理事就任。現職。

いま再び、世界に向けて「市民主義経営」を説く

『市民主義経営 企業の論理から市民の論理へ』の巻頭には、以下のような言葉が記載されています。

"いままでの日本の経営は、企業が成長するのにはどうしたらよいか、ということを一番上位の目標にして考えられていた。（中略）それをこれからは、「市民」を対象に「市民の生活水準」を向上することを経営の基本と考え、それに基づいた「企業行動が市民の支持を得る」ことによって「存立を確保」することを目標とすることに改める、というものである。

　この場合、市民とは、日本の国内だけではなく、全世界を対象にするものである。お国のためから市民のため、日本のためから世界のため、といってもよい。このような経営を「市民主義経営」と名づけた。"

　日本能率協会が30年前に提唱したこの「市民主義経営」に、ようやく時代が追いついてきました。私たちは、サステナビリティ経営を支援するために、いま再び「市民主義経営」を世界に向けて価値あるものとして提唱してまいります。❶

永続経営のカギはどこに？
革新と伝統の均衡

上野 東京商工リサーチの「老舗企業調査」（2022年実施）によれば、2023年時点で創業100年以上を迎える老舗企業は、全国で4万2966社あると言います。神田先生は研究テーマの一つに持続的競争力をお持ちですが、老舗企業を研究する中でどのような特徴があると言えるのでしょうか。

神田 まず、創業から100年以上の老舗企業と、そうでない「非・老舗企業」を比較した2011年の調査結果を紹介しましょう。老舗143社と非・老舗1189社の計1332社を対象に、その経営行動を「強みづくり」「経営理念」「人づくり」「縁を生かす」「かかわ

り」と5つに分類し（**図表1**）、行動間の関連や重みづけを評価する因子分析を行ったところ、大半に正の相関がありました。唯一、負の相関が見られたのが守りと攻めのバランスだったのです。よく「伝統と革新」と言いますが、優先順位としては異なり、まず「革新」があり次に「伝統」の順になっていると言えます。

永続経営のカギは、顧客との相互学習や市場開拓、取引先との学習の輪づくり、社外人脈による学習などの「革新」にかかわる経営行動と、取引先の継続や保守的財務、"らしく"あり続ける伝統の遵守革新などの「伝統」にかかわる経営行動の間で均衡をとることだと言えるでしょう。

平川 老舗企業が実践する、企業存

続に結びつく革新の経営行動には何があるのでしょうか？

神田 イノベーションのための経営行動を3パターンに分類した結果（2014年実施）があります。創業100年を超える企業420社を創業当初の製品・サービスを変えて新たに開発してきた「開発型」、時代のニーズに合わせて改良してきた「改良型」、ほとんど変えずに守ってきた「遵守型」と分けたところ、老舗企業の7割が「改良型」でした。「開発型」は2割、「遵守型」は1割という結果です。加えて、先代と当代での経営行動を比較調査したところ、行動は一貫していました。つまり「開発型」はすべてにおいて変革を導入してきていて、遵守型はすべてにおいて守りに徹してきています。改

長寿企業大国日本 老舗企業の在り方に学ぶ——
サステナブル経営に求められる「らしさ」と「配慮」の連動

創業から100年を超える老舗企業の数が世界一である日本は、長寿企業大国とも呼ばれている。

サステナブル経営の先達とも言える老舗企業に、今こそ学ぶべき知恵とは。

「永続する経営マネジメントは、まさに持続的競争力の体現だ」と語る明治学院大学 経済学部 国際経営学科

名誉教授の神田良氏に、日本能率協会・審査登録センターの平川雅宏と上野文子が話を聞いた。

Photo: Kimihiro Terao　Text: Shun Kato

神田 良

明治学院大学 名誉教授

良型はその中間であり、業種や業態、社名や屋号の変革は行っていない。バリューチェーンに一貫性があることで、個性が守られているのです。

ゆえに、「同じようなものをつくっていても、この店のこれが良い」という唯一無二の価値が出てくる。老舗企業が実践する経営行動のエッセンスとしては、この「企業の個性づくり」、言い換えるとブランディングがやはり重要だと僕は思っています。なお、この結果についてはアメリカのデータも同傾向にありました。長寿の理論自体には、あまり国の差はないと言えます。

平川　変革するにしても、老舗企業が変えずに守っている軸はあるのですか。

神田　企業ののれん、つまりブランドイメージに合致しないことは行いません。もう一つは、何を守るかも明確にしています。そのコアを守れば、他を変えても良しとしているのです。「伝統をすべて守れ」では潰れてしまう。永続させていくためには、時代に合わせた柔軟な変化が必要です。

上野　それでも長寿企業大国となっているのは面白いですね。何か理由はあるのですか?

神田　大体の老舗は昔から一等地にありますから、資産であるその土地を守り地域を守り、そして地域の価

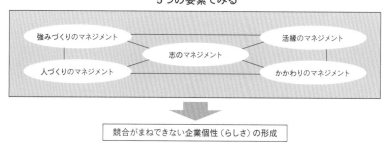

図表1　永続経営のマネジメントの構造

5つの要素でみる

強みづくりのマネジメント　　活縁のマネジメント

志のマネジメント

人づくりのマネジメント　　かかわりのマネジメント

競合がまねできない企業個性（らしさ）の形成

値を上げることについては各社が熱心に工夫をしています。日本橋はその良い例ですよね。銀座はいまや外資系ブランドが軒を連ねていますが、日本橋は再開発となった後も老舗企業が残り続けています。

老舗の経営危機の捉え方と打破する知恵

上野 私は以前、日本橋周辺の会社に勤めていたとき、老舗の店舗が商業ビルに進出していくことに衝撃を受けたのを覚えています。千疋屋総本店も、日本橋に本店がありながら日本橋三井タワーにも店舗を構えていますね。

神田 千疋屋総本店には、面白い歴史があります。元は、越谷の果物を船に積み込み、日本橋まで行商のように売りに行ったのが起源です。料亭においしい果物を届けるため、こたつを使った熟度管理をして桃を食べ頃まで熟れさせるなどして、高級路線にシフトしていったのです。その後、外国への憧れが強い明治の時代に、現在の日本橋本店の場所に洋風の建物を建てることでブランディングも行いました。いまやその場所は一等地となり、現在も日本橋の価値を下げない努力を続けています。

関東大震災の後には、理髪店を経営していた時期もあると聞きました。店舗名は、先代のころから品種改良を重ねてきた果物である「メロン」と命名していたようです。果物にこだわりながらも、果物を売るような状況でない時は柔軟な経営判断を行っていたのでしょう。

実際に老舗企業を調査分析してみても、自社が利益を得ることよりも地域の価値を上げるほうが優先順位が高いことが読み取れます。地域社会を大切にしない会社が「環境だ、世界だ」とうたうことはあまり考えられないですよね。

平川 地域住民も大事にしている、ということですね。

神田 各社が努力をしているはずです。まず、地域に愛されること。地域に根差した会社であれば、市場そのものが地域と一体化していることは多

左から、平川、上野、および神田氏

いですが、多くの老舗にヒアリングして感じることは、実によく地域住民と対話を行っているということです。

僕は地域にありながら、地域を超える企業を「在地超地企業」と呼んでいます。とくに地方は、少子高齢化の影響を大きく受けますから。地元地域だけを顧客とするのでは生き残れません。

海外に向けてもそうです。容易にまねされないよう、日本の文化としての歴史や伝統を伝えることが大事なのです。日本酒も、どこに酒蔵があって、どうつくっているのかというストーリーを聞きながら飲むから、さらにおいしく思える。根無し草ではないのだと、伝えていくことが肝要です。

上野 改めて、なぜ日本は世界的に見ても老舗企業が多くなったのでしょうか。

神田 日本の生活に密着した事業であるから長く続いている、という要因はあると思います。その分、競争も激しいことから、どの老舗企業も地域に密着して地盤を固めています。ベンチャー企業のように、投資家からお金を集めて無理な成長を目指すのではなく、自分たちのキャッシュフローの中での着実な成長を考える傾向にありますね。むやみに第2の事業に手を出さず、本業の軸をぶらさずに一途な経営をしていることも大きな特徴です。経営マネジメントの観点で老舗を見ると、「アジリティ（敏捷性）」や「レジリエンス（適応力）」を大事にしていることがわかります。すなわち、リスクマネジメントと共通する行動が

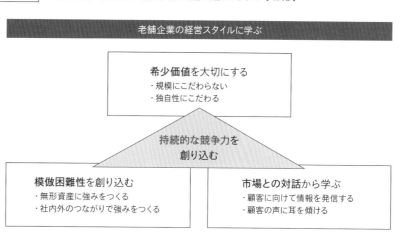

| 図表2 | 老舗企業が持続的な競争力を創り込むための手法例 |

老舗企業の経営スタイルに学ぶ

希少価値を大切にする
・規模にこだわらない
・独自性にこだわる

持続的な競争力を創り込む

模倣困難性を創り込む
・無形資産に強みをつくる
・社内外のつながりで強みをつくる

市場との対話から学ぶ
・顧客に向けて情報を発信する
・顧客の声に耳を傾ける

多いのです。

上野 老舗企業が経営の危機に瀕するとき、どのような対応をしているのでしょうか。

神田 先ほども千疋屋総本店の理髪店の例を挙げましたが、そもそも老舗企業は危機の捉え方が違います。この100年で見ても第2次世界大戦があり震災があり、直近では新型コロナウイルスの流行があり、10年前後に1度は大きな危機が訪れている。その度に乗り越えてきた知恵が老舗にはあるのです。社会環境が激変することは当たり前。危機が定期的に来ることを織り込んだうえで経営をしています。だからいざ、コロナ禍のようなことが起きたときも、迅速に対応した企業が多い。

たとえばコロナ禍には、ある老舗で「以前は本店まで買いに来ていた顧客が、近場のデパートで買うようになる」という購買行動の変化が起きました。

こういった変化を、Zoomのようなテクノロジーを使って現場の声を俊敏に吸い上げて本社がキャッチしています。これも一朝一夕にできることではなく、日頃から知恵を出し合う体制を創り込んでいるからこそ成せることです（**図表2**）。

サステナブルマネジメントに求められる「らしさ」の志

上野 サステナビリティは、老舗の経営においてどう意識されてきたのでしょうか？

神田 日本の伝統産業では、地元の原材料を使っていることが多いですよね。多くの老舗はその原材料の調達から始めていることから、それを守れない限りは商売が継続できません。調査すると、サプライヤーとも情報交換をしてともに学び合う関係性をつくっていることがわかりました。

SUSTAINABILITY
MANAGEMENT

PROFILE

神田 良（かんだ まこと）

明治学院大学経済学部名誉教授。米国RIMS（Risk and Insurance Management Society）日本支部理事長。経営戦略論、人的資源管理論、経営組織論が研究領域。とくに経営戦略論では、持続的競争力（サステナビリティ・コンピテンシー）を、日本の老舗の実態調査に基づき究明している。企業存続への関心から企業存続リスクに関心を持ち、戦略的な全社的リスクマネジメント（ERM: Enterprise Risk Management）を研究している。東京商工会議所中央支部老舗企業塾を立ち上げ、現在アドバイザー。また、日本生産性本部で持続的競争力研究会を主宰している。

一般的な企業は「前年比でのコスト削減を目指し、見合わなければ切る」というように、取引関係を目先の利益やコストなどの短期的な視野で判断しがちです。しかし老舗は長期的な視野を持ち、取引先や自然環境まで含めて継続性をよく意識しています。かつて近江商人が大事にしていた「三方よし」の精神ですね。社会を見ないと商売はできない。たとえば東京都中央区にある老舗企業も、元をたどれば近江にルーツがあることが多いですからね。その原理が働いている可能性もあります。

上野 人づくりにおいて、老舗企業ならではの特徴はあるのでしょうか。

神田 老舗企業とそうでない企業に差はほとんどないものの、唯一異なったのは歴史の教育の有無です。老舗は商品やサービスに関するストーリーテリングが付加価値になっていること

が理由でしょう。

平川 教育によって、自社の文化と歴史を守り続けている、とも言えるのでしょうか。

神田 創業以来、活動してきたことのエッセンスは教えているはずです。結局のところ、迷ったときにどう判断するかが大事になりますから。少なくとも、上に立つ人は自社の歩みを知り、強みを理解したうえで新しいビジネスを考えています。また、社史を全社員に配布して、組織の中核的な人間を中心に読み込むようにしているところもあります。自社がたどってきた変遷をいかに事業に一貫性を持たせる軸とするか、顧客への付加価値に転換するかに苦心している老舗は多いです。

上野 サステナブルマネジメントに臨む経営者は、老舗企業からどんな学びを得て実践すべきなのでしょうか。

神田 TCFDを含めて、現在企業が問われているのは一般論的な対応ではなく、「あなたのビジネスが環境や社会とどうかかわっていくのか」ということです。これまでの、単に環境配慮をすればよいというステージとはもう異なり、サステナビリティにも個性が必要になっている。「われわれのビジネスはこういう方向性だから、これを守っていくのだ」という志を持った主張、すなわち自社ののれんにある「らしさ」と「配慮」の連動が求められています。

もっとも、それは容易ではないので、僕もすぐに答えが出るとは思っていません。それでも、みんなで議論して、少しずつ納得し合いながら、開示する努力をしていくことです。「その仕組みをつくろうとしているか」という姿勢がいま、経営者に問われているのだと思います。 ⬤

日本と世界のいま

サステナビリティをめぐるグローバル潮流は日々、刻刻と変化している。多様な投資家や評価機関の期待にこたえ、自社ならではのサステナビリティのありようや、本質を見極めるために企業はどのような視点を持つべきか。識者・関係機関は世界と日本のサステナビリティのいまをどう捉えているのか──。

世界から遅れた日本が
目指すべき「日本版のSX」

松本 日本能率協会総合研究所は、どのような研究機関なのでしょうか。

菊池 社名のとおり、日本能率協会グループの調査研究機能を担っています。とくに官公庁や自治体から信頼をいただき、福祉・医療や働き方改革、交通インフラ、物流、地域政策といったさまざまな調査研究に対応しています。実は1991年に顧客満足度調査を日本で最初に提唱したのがわが社です。現在は、従業員意識調査やサステナビリティマネジメントを含む、経営関連の各種調査も行っています。

　私が在籍するマーケティング・データ・バンク（以下、MDB）事業本部は1969年に生まれたビジネスです。市場や技術トレンド、生活者に関する調査、世界最先端の経営などのマーケティング・ビジネス情報を、インターネットがない時代からスピーディーに提供してきました。各分野に精通した「必要なデータのありかを知る」情報コンサルタントがいるため、年間契約の会員企業に対し、的確な情報提供はもとより、さまざまな課題解決のサポートメニュー（新規事業、未来探索等）を提供しています。

松本 現在、SXやDX（デジタル・トランスフォーメーション）、GX（グリーン・トランスフォーメーション）への注目が高まっていますが、MDB事業本部における最近の調査トレンドを教えてください。

菊池 圧倒的多数がカーボンニュートラル関連で、この2年ほどもっとも注目されているテーマです。CO$_2$の貯蔵・回収技術はSXにもかかわりますし、各社が熾烈な競争を繰り広げています。新規参入も増えているものの、世界を見てもまだ天下を取る会社が決まっていません。現在は貯蔵や回収が可能になったその先の未来を調査する人も増えています。エネルギーや半導体分野の注目度はやはり高いです。

　そのほか、日本は長寿国家であることからヘルスケア、モビリティ＆スマートシティ関連も毎日のように問い合わせがあります。これらは未来を見るうえで外せない成長産業です。

松本 「その先の未来」を見ようとする場合に、何かコツはあるのでしょうか。

グローバル潮流から見る、サステナビリティの「日本版」

社員が未来を語りだす会社は、SXにも経営にも強くなる

サステナビリティの取り組みは社会課題の解決のみならず、本業との同期化を求められるゆえに、実践が難しい。
なぜ、いま日本企業にSX（サステナビリティ・トランスフォーメーション）が必要なのか。
日本と世界のサステナビリティの潮流について日本能率協会総合研究所マーケティング・データ・バンク事業本部
エグゼクティブ・フェロー 菊池健司氏に、日本能率協会 松本素之が話を聞いた。

Photo: Ko Karoji   Text: Shun Kato

松本 素之

一般社団法人日本能率協会
地球温暖化対策センター

菊池 健司

株式会社日本能率協会総合研究所
マーケティング・データ・バンク（MDB）事業本部
エグゼクティブ・フェロー

菊池 うまくリサーチする人は未来の言葉を使います。少し先の言葉を使うだけでたどり着く情報が変わり、他社と違う情報を見ることができるようになるのです。

松本 カーボンニュートラルを例に見ると、早い人はいつごろからそのリサーチを始めていたのでしょうか。

菊池 7〜8年前の2015年ごろからです。クライメートテック（気候テック）が掛け合わされれば明快なビジネスチャンスになるだろうと、最初期には一部のファンドや企業の未来戦略部門を中心に注目され、そしてこの3年くらいでトレンド化し、経営の関与も高まってきています。日本は国際ランキングでの順位低下の流れがあるので、経営層の方もそれをわかっているので

しょう。2020年、菅政権のころに「2050年にカーボンニュートラル、脱炭素社会の実現を目指す」と宣言されてから、とくにそのメッセージ性が強まったように思います。

松本 海外トレンドを追うならば、やはりヨーロッパや北欧が中心ですか?

菊池 社会課題の解決がうまいビジネスは大抵は北欧から生まれているので、北欧を中心とした欧州を見るのが鉄則です。ただし、見逃せないのが米国。SX関連で勢いのいい米国のスタートアップ企業は、よくベンチマークとして顧客へ提案もしています。そして世界共通で言えるのは、若い世代がサステナビリティという言葉に非常に敏感になっていること。今後は、この世代が社会の中心になって

いきます。加えて2050年には、米中という2大国家にインドとインドネシアが加わります。世界市場が時代とともに変化していくはずなので、時が経てば経つほど見るべき領域が変わってくるでしょう。

松本 やはり、日本のSXは世界から遅れてしまっているのでしょうか。

菊池 それは事実ですが、ある意味でそれも「日本らしさ」なのだと思います。日本は100年以上続く老舗企業数が世界一ですから、伝統的に受け継がれている技術がある。SXにしてもサステナビリティ経営にしても、「日本版」を突き詰めていくのが面白いのではと思いますね。

松本 CO_2の回収・貯蔵技術と長寿国家を結びつけた「日本版」サステナビリ

ティを築いていく、ということですか。

菊池 そうなっていくでしょう。伊藤レポート*やSXのトレンドを見ても、投資家にも理解されやすくなるよう「稼ぐ力」を求める流れがある。日本企業は投資家との付き合いが苦手ですが、今後はこの視点が欠かせなくなります。欧米トレンドを見るだけでは勝負になりにくいことから、日本らしさを見直すことも必至です。

▍SXに求められるのは健全な危機感と温かみ

松本 経営における日本らしさとは、どこにあるのでしょうか。

菊池 私はよく「温かみ」だとお話しします。老舗企業で伝統が脈々と受け継がれていくことも、「温かみ」がないと実現しないと思っています。AIを筆頭にデジタル化が進む中で、その価値はますます高まる。私が考えるSXの日本版は、「健全な危機感を持った温かみ」の体現です。

松本 何に対する危機感なのでしょうか。

菊池 まず言えるのは、産業が劇的に再編される時代の到来です。スマートシティはその究極。まったく異なる業界が連携し、まちづくりビジネスを始めている。異業種再編により、これまで盤石だった事業も、そうでなくなる可能性がある。健全な危機感を持つ必要性があります。

調査結果を見ても、10年後への危機感が強いと回答する会社のほうが、SX経営に手ごたえを感じて推進しているという傾向があります。

松本 バックキャスティングの思考ですね。欧米からのプレッシャーを受けてフォアキャスティングに発想していくのではなく、ありたい姿やパーパスから、バックキャスティング思考で日本的な温かみを持って発想していく。

菊池 そのとおりです。いまや、各社が健全な慌て方をしながら、バックキャスティング思考を次世代リーダーや社員に教え込もうとしていますよ。

松本 一方で、サステナビリティへの変革に懐疑的な経営者もまだ多いかと思います。そういった方々には、どのような理論でアプローチしているのでしょうか。「投資家は次世代の技術に投資している」なのか、あるいは「社会課題を解決すべきだ」なのか。

菊池 まさにその2つのどちらかです。危機感に関するわかりやすい例は自動車業界で、ガソリン車がEVに変われば、使われない部材が出てくる。その部材メーカーが手を打たない場合、売り上げがゼロになることもありえます。こういった業界がすでに出てきている以上は、もう対岸の火事ではない。苦しみながらも、SXの視点も外さず次世代の事業をつくっている企業の事例を紹介することもありますね。

ほかにも、カナダの投資調査会社コーポレート・ナイツが発表する「世界でもっともサステナブルな企業100社2024年版」には、日本企業が3社入っています（**図表**）。しかし、かつては20社がランクインしていました。そういった厳しいデータも提示しながら、各社のすばらしい技術や事業を基に「ともに研究していきましょう」と提案することもあります。

松本 産業に大きな変革が起きてい

PROFILE

松本 素之（まつもと もとゆき）

一般社団法人日本能率協会　地球温暖化対策センター所属。大学卒業後、農業土木の建設コンサルタントでエンジニアに。2009年JMA入職後、地球温暖化対策支援室（現・地球温暖化対策センター）に配属。地球温暖化対策支援のほか、ISOの審査、営業、マーケティングなどを担当。渡航した国はこれまで約50ヵ国。

図表	カナダの投資調査会社『コーポレート・ナイツ』による2024年の「世界でもっともサステナブルな企業100社（グローバル100インデックス）」トップ20

順位	企業	順位	企業
1位	シムズ（オーストラリア、金属リサイクル）	15位	テレフォナクティボラーゲットLMエリクソン（スウェーデン、電話・通信機器製造）
2位	ブランブルズ（オーストラリア、サプライチェーン・ロジスティクス）	16位	サンパワー（米国、半導体製造）
3位	ヴェスタス・ウィンド・システムズ（デンマーク、風力発電設備）	17位	オルステッド（デンマーク、発電）
4位	台湾高速鉄道（台湾、鉄道）	18位	アルストム（フランス、ノンロード車両機器製造）
5位	ノルデックス（ドイツ、風力発電設備）	19位	ネステ・オイジ（フィンランド、石油化学品製造）
6位	ブラジル銀行（ブラジル、金融）	20位	ダッソー・システムズ（フランス、ITサービス）
7位	シュナイダーエレクトリック（フランス、電気機器）	⋮	
8位	クリスチャン・ハンセン（デンマーク、食品・飲料）	**日本企業**	
9位	スタンテック（カナダ、建設コンサルティング）	35位	エーザイ（医薬品製造）
10位	SMAソーラー・テクノロジー（ドイツ、太陽光発電設備）	72位	リコー（コンピュータ・周辺機器製造・サービス）
11位	オートデスク（米国、ITサービス）	100位	シスメックス（医療計測機器製造）
12位	WSPグローバル（カナダ、ビジネスエンジニアリング）		
13位	クリーン・ハーバーズ（米国、廃棄物処理）		
14位	エンフェーズエナジー（米国、半導体製造）		

く一方で、エネルギー業界は今後どうなると思いますか？ 電化の流れがこのまま続くのか、あるいは石油業界が巻き返していくのか。

菊池 世界のさまざまな企業ランキングデータを見ると、エネルギー消費量が高い国は、石油関係企業が売り上げトップから落ちない。強さを感じます。再生可能エネルギーのほうに進むなどして、必ず巻き返してくるでしょう。電力の消費量はデジタル化が進むにつれ増えていく一方で、将来の不足は周知の事実です。それを他の熱源でどう補えるか、石油事業者はどう考えるか。企業にとっては、電力の自給

自足への取り組みも大事になってくると思います。

なお私の本命は、ワイヤレス給電です。たとえば飛行機が24時間365日飛び回り給電したり、将来、宇宙発電も実現すれば、どこでも給電が可能になる未来もまだ時間はかかりますが、だんだんと見えてきています。

松本 宇宙発電やワイヤレス給電が実現すれば、エネルギーの世界は抜本的に変わりそうですね。経営者の方はよく、2050年のカーボンニュートラルに向けたロードマップをつくろうとすると、未来の技術が不透明であるがゆえに途中で手が止まってしまうと言います。

スマートフォンの発明で起きた革命が、電力でも起きるかもしれませんね。

菊池 そのとおりです。CO_2にしても、循環経済の観点から、原料の再利用の技術開発も進んでいます。それが実現すれば、究極のサーキュラーエコノミーになるでしょう。

■ 社員が未来を語りだす会社はSXにも経営にも強くなる

松本 伊藤レポート3.0*では、SXには稼ぐ力との同期化が必須だといわれていますが、苦戦している企業が多いようです。同期化を進めるアドバ

イスを教えてください。

菊池 DXと同じ現象ですね。デジタル化は進むがトランスフォームが進まない。経営者がGOを出しても役員の反対が出たり、チームでの浸透が進まなかったりという例もよく聞きます。人を動かすのはやはり危機感ですから、段階に分けて「自分ごと化」を進めていくことも有用です。私はよく、業績をV字回復させながらSXも実践する企業事例をお見せして、心に刺さるトリガーを探すという方法を採ります。それを、経営層だけでなく社員へも展開していくのです。

「世界でもっともサステナブルな企業100社」の評価項目も毎年増えており、2023年には「政治的な影響力」が加わりました。つまり、サステナビリティ経営を実践しながら、社会へもメッセージを発信していく必要がある。均衡をとりながらコミットする覚悟が求められているのです。

松本 2050年、おそらく産業自体がトランスフォームしている未来で、自社はどう生き延びるかという問いを立てる必要があるのですね。

菊池 そういうことです。とくに日本企業は、コロナ禍しかりウクライナ情勢しかりで、日本は資源の限られた島国であると改めて思い知ったはずです。SXとは、顧客や産業、そして世界が変わっていくことが確実である未来に、企業が責任を持って対応するための使命なのです。

文部科学省が発表した「第12回科学技術予測調査 ビジョニング総合報告書」を見ると、多様な未来の社会

PROFILE

菊池 健司（きくち けんじ）

株式会社日本能率協会総合研究所マーケティング・データ・バンク（MDB）事業本部 エグゼクティブ・フェロー。外資系金融機関での勤務経験も経て、現在に至る。多分野のビジネス情報に精通する情報コンサルタントとして、企業や自治体からの指名を受け、未来創造・探索支援案件に日々対応している。未来ビジネス探索関連のセミナー・研修・原稿執筆歴多数。

像が描かれています。そのうち、どの未来を選んだとしても、サステナビリティ経営を軽視できないはずです。数字のズレはあるにしても、確実に来る未来がそこにあるわけですから。

松本 SXの「日本版」を目指すにあたって、もっとも重要になるのはどのような取り組みでしょうか。日本企業に向けたアドバイスをお願いします。

菊池 社内で未来を語れる人材を増やすことだと思います。現在も多くの会社が危機感を持ってつくっている未来創造室は、それ自体がステークホルダーへのメッセージにもなりますし、その部署に入りたくて入社する人も出てきます。社員の方が「われわれの業界は今後こう変化していくのだ」という視点を持つと、おのずと会社に対する見方も厳しくなる。すると、経営者も期待にこたえるために動かざるをえ

ない。社長がいずれ会社からいなくなったとしても、社員は何十年と残る可能性があります。

どれだけAIが発達しても、「自分の考えを持って未来を語る」ことは人間にしかできません。社員が未来を語りだす会社は、結果的に日本らしい「温かみ」も生まれますし、サステナビリティにも強くなっていくはずだと思いますよ。■

＊ 会計学者の伊藤邦雄氏を座長とした経済産業省のプロジェクトが公表している報告書。2022年8月に発表した3.0は「企業や投資家などが協働して長期的かつ持続的な企業価値を向上させるため」に作成された。SX版伊藤レポートとも言われる

◆ 参考文献
文部科学省 科学技術・学術政策研究所 ライブラリ「第12回科学技術予測調査 ビジョニング総合報告書～個々人の多様な価値観に基づく『ありたい』未来像の共創～」

開示にあたってのリスクと機会を正面から議論

サステナビリティ情報開示、金融庁はこう見ている

有価証券報告書に「サステナビリティに関する考え方及び取組」の記載欄を新設し、サステナビリティ情報の開示が求められるようになり、1年が経った。初年度は準備期間が限られていたが、開示2年目を迎えるにあたっては、投資家との対話を踏まえた自社の取り組みの進展とともに、なお一層の開示の充実が求められると考える企業は多いだろう。そこで、開示をめぐる国内外の動向から、サステナブルファイナンスの展望まで金融庁に話を伺った。

［聞き手］松本 素之　一般社団法人日本能率協会 地球温暖化対策センター　　Photo: Koo Karoji　Text: Shun Kato

長谷部 綾子	倉持 亘一郎	上利 悟史
金融庁総合政策局総合政策課 サステナブルファイナンス推進室 課長補佐	金融庁企画市場局企業開示課 国際会計調整室長	金融庁企画市場局企業開示課 開示企画調整官

高まる投資家からのニーズ サステナビリティ開示の現況

——有価証券報告書でサステナビリティ情報の開示が求められるようになった背景について教えてください。

上利 そもそも、有価証券報告書は、投資家の投資判断において必要とされる企業の情報が記載されるものです。サステナビリティ情報の記載欄が設けられた背景は、投資家が中長期的な企業価値を評価するに当たり気候変動をはじめとするサステナビリティ情報が重要となっており、投資家からそのような情報に対する強いニーズがあるからです。とりわけグローバル企業にとっては、気候変動への取り組みが経営上の重要課題の一つとなっていますし、国際的にサステナビリティ情報の開示基準が設けられる動きもあります。こうした動向を踏まえて、日本の資本市場に向けた情報開示の制度においても、サステナビリティ情報を「情報開示の一項目」に位置づけたということです。

記載欄の新設は、2023年1月31日の内閣府令「企業内容等の開示に関する内閣府令等の改正」に基づいており、適用は2023年3月期の企業から始まりました（**図表**）。対応いただいた企業からは、これまで社内に埋もれていた情報について経営層を交えて議論するきっかけになったという声も届いています。

——現在はスコープ1、2[*1]の開示を

図表 サステナビリティ情報の「記載欄」の新設に係る改正

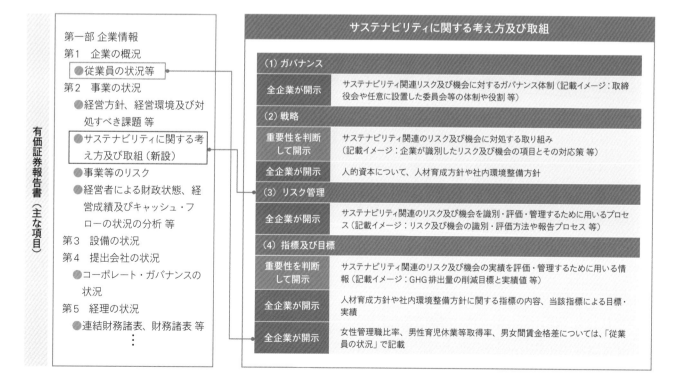

サステナビリティ情報の「記載欄」の新設に係る改正を基に作図
有価証券報告書におけるサステナビリティ情報の「記載欄」では、「ガバナンス」及び「リスク管理」については
すべての企業が開示し、「戦略」及び「指標及び目標」については各企業が重要性を判断して開示する

促す運用がされていますが、今後スコープ3の開示も含め、義務化される予定はあるのでしょうか。

上利　現状の法令ではスコープ1、2についても開示義務はありません。ただ、GHG（温室効果ガス）排出量が国際的に有用な指標と考えられている点などを踏まえ、金融審議会ディスクロージャーワーキング・グループの報告書で「積極的に開示することが期待される」という表現で開示を促しています。

他方で、2023年6月に公表されたISSB（国際サステナビリティ基準審議会）のサステナビリティ情報開示の国際基準を受けて、SSBJ（日本のサステナビリティ基準委員会）も現在、国内における基準化の議論をしています。今後、その基準を有価証券報告書に

取り込むための方向性が示されるでしょう。具体的に有価証券報告書にどう取り込まれるかは今後の議論を待つところですが、スコープ3の開示が明記される可能性も見込まれます。

――一部には、開示に対するネガティブな声も聞かれます。サステナビリティ情報の開示を浸透させるために、貴庁ではどのような取り組みをされていますか。

上利　情報開示に先進的な企業は、すでに有価証券報告書でスコープごとの開示も含めTCFDの提言に基づく開示を試みています。昨年12月に当庁から公表した有価証券報告書の好事例集の中には、TCFDのフレームワークに沿いながら創意工夫を凝らした開示を行い、投資家から好評を得ている事例があります。当庁として今後も好事例を発信することで、開示を促進できればと考えています。

――気候関連開示を含むサステナビリティ開示に先行して取り組む企業は、どのような視点で取り組んでいるのでしょうか。

倉持　国際的な基準に基づきサステナビリティ開示に先行して取り組む企業は、「義務化されるから開示する」といった考え方というよりも、企業のサステナビリティ課題に対する取り組みを積極的に投資家に伝えていくことを重視されているようです。また、「ビジネス」の観点からもGHG排出量の測定は重要であるという意見も伺います。たとえば一定規模の欧州やカリ

フォルニア州の企業に対して、スコープ3を含むサプライチェーン全体のGHG排出量の開示が、強制される予定です。そして、欧州やカリフォルニア州の企業のサプライチェーンに含まれる企業、たとえば、それらの企業に部品を納入する企業は、取引先から排出量情報の提供を求められることが見込まれます。こういった取引先からの要請に対応できるかどうかは、まさにビジネスに関する問題です。

上利　スコープは、投資家にとって「世の中がカーボンニュートラルに移行しようとする中で、この企業は今後も持続的にビジネスを展開できるか」を測る一つの指標だと考えられます。たとえ自社が開示対象企業でなかったとしても、スコープ3の開示が求められる企業のサプライチェーンに入っていれば、情報収集の対象となると考えられます。サステナビリティ情報の収集・開示は、どの企業もビジネスの観点から考えていくべき課題だと言えるでしょう。

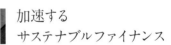

加速する サステナブルファイナンス

――続いて、民間企業への投融資とサステナビリティをめぐる動向について教えてください。

長谷部　当庁では、サステナブルファイナンスを、「持続可能な経済社会システムを支えるインフラ」として位置づけて推進しています。基本姿勢としては、企業や金融機関のさまざまな創意工夫を通じてサステナブルファイナン

倉持氏

スの考え方・手法等が深化していくことは、企業や投資家のさまざまなニーズにマッチするファイナンスが可能となり、経済社会の持続可能性が高まるという点で望ましいと考えています。

2020年に設置されたサステナブルファイナンス有識者会議では、サステナブルファイナンスの推進に向けて、課題や対応策の検討を行っています。サステナブルファイナンスを政策的に推進していく観点から、「企業開示の充実」「市場機能の発揮」「金融機関の投融資先支援とリスク管理」という3つの柱で施策をとりまとめ、「そのほかの横断的課題」としてインパクト投資、地域における脱炭素、生物多様性、人材育成を掲げています。

上利氏

「市場機能の発揮」では、具体的には、情報・データ基盤の整備、機関投資家の取り組み推進、個人の投資機会の拡充・浸透、ESG評価・データの適切な利用に向けた環境整備、カーボンクレジット市場整備に向けた検討などに取り組んでいます。

——サステナブルファイナンスをめぐる課題と、今後の展開についても聞かせてください。

長谷部 サステナブルファイナンスに対する関心が高まる一方で、さまざまな課題があります。たとえば、環境や社会によい効果をもたらすとされている投融資について、実際にどのような効果があったのか評価する方法などについても検討・改善の余地があると認識しています。

また気候変動に関しては、多排出産業を中心とした脱炭素化の取り組みが重要で、多額の資金が必要となります。一方、多排出産業に投融資をすると一時的に投資家・金融機関のファイナンスド・エミッション（投融資先の排出量）が増加することになります。しかし、社会全体の脱炭素化のためには、多排出産業への投融資をやめる（ダイベストメント）のではなく、脱炭素化への移行のための「トランジション・ファイナンス」が重要だと考えています。

また、気候変動以外のテーマも関心が高まっています。各企業が事業やマテリアリティ（重要課題）に応じて各テーマへの対応を検討する必要があると考えています。

——各企業のマテリアリティの特定と投資家とのコミュニケーションがさらに重要視されそうですね。有識者会議の報告書にもありました、「ESG評価・データ提供機関」に「行動規範」を策定した経緯についても教えてください。

長谷部 サステナブルファイナンスの拡大を背景として、ESG評価・データ提供機関の重要性が増しています。一方、ESG評価・データ提供機関の評価の透明性や公平性に対する課題が国際的にも指摘されており、2021年、IOSCO（証券監督者国際機構）がESG評価・データ提供機関に期待される行動についての提言を公表しました。このような中、本邦でも、2022年2月、ESG評価・データ提供機関等にかかわる専門分科会が設置され、報告書がとりまとめられました。当庁では、この報告書や意見募集の結果を踏まえて、2022年12月に「ESG評価・データ提供機関に係る行動規範」を策定・公表したという経緯です。

行動規範は、「品質の確保」「人材の育成」「独立性の確保・利益相反の管理」「透明性の確保」「守秘義務」「企業とのコミュニケーション」という6つの原則から成るもので、法令ではなくいわゆる「Comply or Explain（コンプライ・オア・エクスプレイン）」で遵守を求めるものです。2023年12月時点で21の機関から賛同いただき、賛同状況のリストを公開しています。

評価結果が評価機関によって異なること自体は必ずしも問題ではなく、どのように評価されたのかという評価

軸が見えないことが問題だと考えています。このような観点からも、行動規範の原則にのっとって評価の透明性を確保いただくことが大切だと考えています。

ISSBの具体的適用　次なるアジェンダを注視

——ISSB（国際サステナビリティ基準審議会）やCSRD（企業サステナビリティ報告指令）などの国際的なフレームワークに関する動きをどうご覧になっていますか。

倉持　ISSBに関しては、大きく2点を注視しています。1つが、2023年6月末に最終化された「S1基準」と「S2基準」の適用支援に向けた動きです。S1基準は「サステナビリティ関連財務情報の開示に関する全般的な要求事項」についての基準で、S2基準は「気候関連開示」についての基準です。

当庁では、これらの基準を具体的に適用するためのヒントとなるような情報がISSB側から提供されるか着目しています。IFRS（国際会計基準）財団は、ISSB基準の適用に関する有用な情報を蓄積し、グローバルな推進を支援する「ナレッジハブ」と呼ばれるプラットフォームの設立を公表しました。ナレッジハブには、IFRS財団や外部パートナーが開発した100以上のコンテンツが公開されているようです。基準の適用を検討する際に役立つ資料が掲載され続けることを期待しています。

もう1点が、「次の基準設定プロジェクトのアジェンダは何か」という点です。

「生物多様性、生態系および生態系サービス」「人的資本」「人権」などが次のアジェンダの候補として挙げられています。次のアジェンダは2024年春から夏にかけて確定することが見込まれています。どのアジェンダが取り上げられるかは今後のサステナビリティ情報開示に重要な影響をもたらしうると考えられます。

人的資本の開示が、投資家が企業の価値創造を評価するうえで重要な情報を提供すると伺っているため、当庁としても人的資本開示は重要であると考えています。

——どういった人的資本開示が投資家の企業価値評価に有用なのでしょうか。

倉持　将来の企業価値向上に結び付く経営戦略が実現されるかどうかは、投資家にとって重要な関心事であると伺っています。また、経営戦略が実現されるかどうかを判断するうえで、経営戦略を実現する人材戦略が立案され、また、それが実行に移されているかどうかを理解することが重要であるというご意見も伺います。人材育成方針や関連するKPIの目標・実績といった人的資本に関する情報開示を基に、投資家が企業戦略の実現可能性を判断し、そこにお金が流れることで、企業の戦略実現・企業価値向上につながることも期待されると考えられます。

人的資本開示は、さまざまな観点で投資家から期待されていると理解しています。たとえば女性管理職比率を高めることで、組織に多様性が

長谷部氏

生まれ、さまざまな価値観を持つ人たちから出てきた新たな発想を基に、イノベーションが起こることが期待されています。さらには、より働きやすい職場環境を実現できることにより従業員のエンゲージメントも高まり、組織の目的達成に資することも期待されています。

CSRDは、欧州におけるサステナビリティ報告の制度開示の枠組みであり、多くの日本企業に影響することが見込まれています。欧州に重要な子会社を持つ企業は欧州子会社における開示に向けた対応を迫られていますし、欧州企業のサプライチェーンに入っている企業にも影響が見込まれています。

——社会情報に対する検証の国際

的な動向についても教えてください。

倉持 開示される情報に信頼性を付与するという意味で、投資家からは情報に対する第三者による保証が求められています。国際的な議論も進んでおり、IAASB（国際監査・保証基準審議会）が、ISSA5000（国際サステナビリティ保証基準）を2024年9月に最終化する予定です。最終化された国際基準をベースに、日本でもサステナビリティ情報の保証を制度化するか否かの議論が行われることが見込まれます。

　有価証券報告書のサステナビリティ情報開示に保証が求められることとなれば、S1基準で「重要」と判断された社会情報が、保証の対象に入ってきます。また、ISSBが2023年12月に公表した教育文書では、S2基準に基づく気候関連リスクと機会の開示においても社会的な側面の開示が行われる例が示されました。このようなケースにおいては、S2基準に基づく気候関連開示に関連する情報が開示され、保証の対象となるでしょう。さらに、先述したISSBの次なるアジェンダとして、人的資本や人権が取り上げられることとなり、最終基準化されれば、社会情報の開示を正面から取り扱う流れになる可能性があります。

　保証を行う機関についても検討段階ですが、職業にとらわれないさまざまな保証業務提供者が保証を行える「profession-agnostic（プロフェッション・アグノスティック）」という方向で国際基準の開発がIAASBにおいて進められています。ただし、ISSA5000を

適用する前提として、「IESBA（国際会計士倫理基準審議会）倫理規程と呼ばれる国際基準、もしくはそれと同等のレベルの独立性を確保し倫理基準を遵守できる組織であること」「ISQM1*2と呼ばれる国際基準、もしくはそれと同等のレベルの品質管理を行うことができる組織であること」の2つが要件となります。

——保証機関には、国際レベルでの独立性と品質管理体制が求められるということですね。最後に、貴庁として民間企業や金融機関に期待することをお聞かせください。

上利 サステナビリティ情報の開示は、リスクにも機会にもなりうることで、長期的に自社のビジネスを考えることにつながります。今回、有価証券報告書で開示が求められることとなりましたが、現状、この記載欄は企業の状況に応じて柔軟な記載が可能です。

　このような記載欄としているのは、サステナビリティのテーマは幅広い中で、それぞれの企業が、経営層も含め、持続的な経営に必要なテーマを自主的に考えて特定し、工夫しながら取り組みを進めていただきたい、そのことの表れでもあります。当庁としては引き続き、開示の好事例を皆さんに発信していきます。ぜひとも参考にしていただき、自社に最適な経営や事業の中でサステナビリティを考えて取り組みながら、情報開示を進めていっていただければと思います。

長谷部 サステナブルファイナンスに関しては、一定の投資収益確保を図

りつつ、社会・環境的効果の実現を企図するインパクト投資も推進しています。インパクトの創出を図る投融資を有力な手法・市場として確立し、事業を推進していく観点から、幅広い関係者が協働・対話を図る場として、2023年11月に「インパクトコンソーシアム」が設立発起されました。企業や金融機関・投資家等、幅広い方々にご参加いただけますと幸いです。

倉持 投資家の関心事は、大きく変化してきたといえると思います。かつては財務パフォーマンスが投資家のより大きな関心事でしたが、現在は、財務情報に加えてサステナビリティ情報の重要性が高まっており、また、財務情報とサステナビリティ情報を関連させた情報開示、財務情報とサステナビリティ情報のコネクティビティが重要な時代に入りつつあると考えられます。

　企業の方々から、サステナビリティ開示が、サステナビリティのリスクと機会を正面から議論し、取り組むきっかけになったといったご意見も伺います。その結果を開示していただくことで、企業の皆様が描くサステナビリティ課題に対する戦略やそれに向けた取り組みが投資家に伝わり、開示情報を通じた企業と投資家のより深いコミュニケーションにつながることが期待されると思います。🖊

＊1 サプライチェーンにおけるGHG排出量の捉え方とその分類。「スコープ1」「スコープ2」「スコープ3」に分かれ、GHGの排出量を算定・報告するために定められた国際的な基準、「GHGプロトコル」で示される。

＊2 International Standard on Quality Management 1の略。監査事務所の品質管理に関する国際基準。

COLUMN

川久保 佐記
株式会社東京証券取引所

三木 誠
株式会社日本取引所グループ

≪ サステナビリティ経営を推進する市場 ≫

カーボン・クレジット市場は
企業活動にどう影響を与えるのか

2023年10月に正式オープンしたカーボン・クレジット市場。

金融商品市場とは異なる本市場が、なぜいま日本に必要なのか。

市場開設の背景と動向、SX推進の要となるソリューションについて、日本取引所グループ（JPX）に話を聞いた。

［聞き手］ 松本 素之　一般社団法人日本能率協会 地球温暖化対策センター

Photo: Kimihiro Terao　Text: Shun Kato

「1t-CO₂から買える」取引は日本の脱炭素をどう変えるか

川久保 佐記　株式会社東京証券取引所 カーボン・クレジット市場整備室 課長

カーボン・クレジット市場
市場開設の背景

　日本においてもカーボン・クレジットを取引できるプラットフォームはさまざま出てきていますが、東証では、基本的に政府の方針に沿った取引の場の提供を行っています。

　カーボン・クレジット市場開設の背景には、2022年2月に経済産業省から発表された「GXリーグ基本構想」があります。GXリーグとは、企業が自主的に参画し、自ら温室効果ガス排出削減目標を設定する枠組みですが、当然ながら産業セクターによって脱炭素にかかわるコストは異なり、削減が困難な業種も存在します。そこで自助努力での削減を前提としながらも、自助努力で足りない分は余剰に削減できる企業からカーボン・クレジットを調達して目標を達成する仕組みを用意して、日本全体として効率的な脱炭素を目指していくという構想が示されました。その構想の中に、カーボン・クレジットの取引を行う場としてカーボン・クレジット市場（取引所）の必要性が示され、2022年9月から4ヵ月間、われわれが経済産業省からの委託事業として、国内で流通するカーボン・クレジットであるJ-クレジットの市場をオープンし、183者の自治体や企業に参加いただいてその必要性を確認した後、政府から「GX実現に向けた基本方針」において、2023年度からカーボン・クレジット市場の創設を目指すというメッセージが出されました。

　これまで日本にはカーボン・クレジットの取引を行う場が存在しなかったので、実証事業ではカーボン・クレジットに適した売買制度や参加者、取引の頻度などをすべてゼロから検証していきました。市場機能の提供により、

カーボン・クレジットの取引を希望する事業者は、自ら取引の相手方を探す代わりに、おのおのが希望する価格・数量の注文を取引所に行うことで取引ができるようになりました。また、約定値段や売買高の可視化を行うことで、カーボン・クレジットの流通にかかわる透明性が高まりました。

注目度高まる取引市場
課題は創出者をいかに増やせるか

　2023年10月から常設の市場としてカーボン・クレジット市場を開設しましたが、実証事業のときよりも多い249者に参加いただいています（2024年1月10日時点）。大幅に増えたのは電気・ガス業種の方々ですが、需要家としての側面のみならず、自身が再生可能エネルギーに関連する事業からカーボン・クレジットを創出する方という側面もあります（**図表1.2**）。このほか、金融保険業の方々

図表1 参加者の内訳―実証時との比較

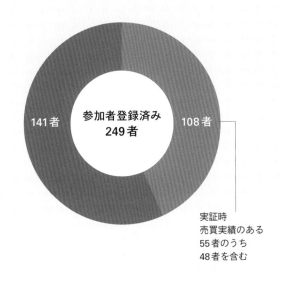

参加者登録済み
249者

141者

108者

実証時
売買実績のある
55者のうち
48者を含む

図表2 参加者の内訳―業種別

業種大分類	現在	実証時	増減
国・地方公共団体	4	3	1
水産・農林業	13	10	3
鉱業	1	1	0
建設業	10	11	−1
製造業	27	29	−2
電機・ガス業	49	22	27
運輸・情報通信業	16	17	−1
商業	33	25	8
金融・保険業	33	20	13
不動産業	4	3	1
サービス業	38	31	7
その他	21	11	10
合計	249	183	66

※参加者による登録申し込み時の情報をもとに集計

2024年1月10日時点で、昨年度の実証事業の参加者183者を上回る249者が参加者登録。業種別では、電気・ガス業が大幅に増加（実証時比+27）し、再エネ事業者や大量排出事業者の関心の高まりが表れている

図表3 市場開設後の売買状況

クレジットの種類	約定値段（円）		売買高 (t-CO$_2$)	一日平均売買高 (t-CO$_2$)
	加重平均	安値～高値		
省エネルギー	1681	1510～2850	40945	630
再生可能エネルギー（電力）	3045	2601～3900	60978	953
再生可能エネルギー（熱）	2282	2000～2480	121	2
J-クレジット森林	8095	6046～9900	64	1
J-VER（未移行）森林	8450	8450～8450	52	1
合計	―	―	102160	1571

市場開設以降の売買状況。2023年10月11日の開設から、2024年1月18日までに合計10万2160t-CO$_2$の売買が成立し、政府保有分の売却がない中でも順調なスタート

の増加も目立っており、現状では規模は小さいものの、自身のカーボンニュートラルのため、あるいは、融資先等に対するカーボンニュートラルに向けたサービスにおいて、カーボン・クレジットの活用が検討されているようです。

参加者の数としては、需要家に比して、創出側の方が少ない傾向にあります。取引所市場をご存じない方、自身で販売することに慣れている方がまだまだ多いと思います。さらに、J-クレジット全体の話として、脱炭素の取り組みでクレジットが創出できることがまだまだ浸透してい

ないこともあるかもしれません。

市場開設後のここまでの売買高は、累計で約10万t-CO$_2$を超えており（2024年1月時点）、注目度が高まっています。（**図表3**）また、2023年度に経済産業省からの委託事業として、われわれが試行的に導入しているのが、マーケットメイカー制度です。マーケットメイカーにある一定以上の価格・数量の注文を出していただくことで、他の参加者も注文しやすい仕組みになっているため、本制度の効果が確認できれば来年度以降も流動性を提供

する市場制度として継続していく想定です。

売買の対象はJ-クレジットからスタートしましたが、これはすでに国内で流通しており、GXリーグで目標達成に使用可能であるからです。今後は、このほかにGXリーグで使用可能な、最短で2024年度後半には出てくるであろうGXリーグ参画企業による「超過削減枠」や、JCM（二国間クレジット）も、市場への流通状況を踏まえて扱っていく予定です。一方で、J-クレジットやJCM以外の海外のボランタリークレジットについては、GXリーグにおける使用可否について経済産業省において議論がなされているため、その議論の様子を見守りつつ、われわれが扱うことによる日本企業のメリットやリスクを含めて検討していきます。なお、J-クレジットは国の制度にのっとって運営される認証付きの仕組みであり、かつ日本国内で削減吸収活動が実施されて創出されるものなので、たとえば森林に関するクレジットであれば、購入することによって1次産業を応援することにもなります。

取引市場の転機は2026年？
カーボン・クレジット市場の活用方法

市場に参加するには、市場参加者として登録する必要がありますが、個人以外の法人や政府、地方公共団体であること、クレジットの売買・決済を円滑に行える業務体制が整っていることが条件になります。さらに、業務体制として「各担当者2名以上で業務を安定的に行う体制が整っていること」が求められます。これは、売買の場はシステム化されている一方で、銀行振り込みやJ-クレジット登録簿システムの操作は手作業となる面もあり、決済等の業務を確実に行っていただくため、条件として設定しています。

そのほかに、社会的信用のあることや債務超過でないこと、取引に必要な銀行口座やJ-クレジットの口座を保有していること、適格請求書発行事業者であること、代表者や役員が当取引所の定める犯罪等の欠格事由に該当しないことが挙げられます。基本的には、健全な経営体制の法人や団体であれば参加が可能です。

課題としては、もちろん、カーボン・クレジットが市場で売買可能であること自体の認知度向上もありますが、そもそも、カーボン・クレジットの供給量の問題、たとえば、J-クレジットの創出量の問題は年間で約100万t-CO_2と少ないことが挙げられます。日本の排出量は年間で約11億t-CO_2にものぼるので、そもそもJ-クレジットだけでは賄えない現状があります。

今後、GX-ETS（GXリーグにおける排出量取引）では2026年以降を第2フェーズとして、取引市場の本格稼働を掲げています。排出量取引は制度の中で生まれる需要であることから、この2026年の規制や仕組みが企業にどの程度の行動変容をもたらすものかにより、根本的な需要が大きく変わると考えられます。もし参画企業が積極的に取り組まなければならない状況となれば、自助努力では足りずにクレジット購入の必要性が生じた場合、創出量や取引量が少ないままでは目標達成できない企業が出てくることも想定されます。取引市場の活用を周知していくわれわれの努力はもちろんですが、政府も含めて、創出に関する手続きの合理化や、創出の取り組みの種類を増やしていくことが課題だと考えます。

なお、需要側では、基本的には「まずは自社で減らし、もし足りなければクレジットで調達する」という位置づけにする企業も多いようですが、中には今後の必要性を感じて購入している方もおり、GX-ETSの第2フェーズである2026年が、今後の変化の転機となっていくかもしれません。

現在、当分の間は市場参加者への登録や売買の手数料も無料となっており、1t-CO_2から購入可能です。省エネルギー関連のクレジットで1600円、再生可能エネルギー関連で3000円、森林関連で8000円という値段となるため、まずは自社で納得感のある種類のクレジットを1t-CO_2だけでも購入し、クレジットの活用について研究するのもいいかもしれません。まずは使い方や社内管理の流れだけでも知っていただき、自助努力で取り組んだ排出削減の不足分を賄う一つの手段として、選択肢に入れていただければと思います。

サステナビリティ実践に携えるべき情報群

三木 誠　株式会社日本取引所グループ サステナビリティ推進本部 事務局長

ESG投資推進施策
上場企業の取り組み支援

　JPXでは、上場会社に向けたESG情報を含む非財務情報開示を中心とした取り組み支援も行っています。開示が進むに伴ってESG市場の裾野が拡大していきますので、株価指数など投資家へのESG関連商品・仕組みの提供も行っています。

　上場会社に向けた取り組み支援の内容からお話しすると、まず2020年3月に発行した「ESG情報開示実践ハンドブック」があります。ESG開示の重要性を、上場企業の方々にご認識いただくことを目的としてつくった冊子です。世界の動きを踏まえながら、ESG投資家の存在や、投資家が判断する際に参照するESG関連情報と合わせて説明しています。知識のみでなく、その後の実践

ESG情報開示実践ハンドブックとJPX-QUICK ESG課題解説集

ステップについても4章立てで紹介していることも特徴で、戦略の練り方や課題への取り組み方、監督と執行、そして情報開示から投資家の皆さんとのエンゲージメントにつなげていき翌期の開示に進むというサイクルを紹介しています。

　続く実践書の第2弾として、ESGの各課題解決に向けて行動される方々をサポートするために株式会社QUICKとともに発行したのが、「JPX-QUICK ESG課題解説集」です。日本企業が置かれた現状を踏まえつつ、グローバルの各ESG課題が、各企業の企業価値にどのような影響を及ぼす可能性があるのかを解説しています。

　冊子ではこのようにESG情報開示のフレームワーク紹介や課題に関する解説を行っていますが、世界の動向はつねに変わっていくため、最新情報を「JPX ESG Knowledge Hub」というウェブサイトで公開しています。英語でしか紹介されていない開示枠組みもありますので、簡単な日本語訳をつけながら、情報を集約して発信しています。

同業他社のESG情報も検索可能
「集約と発信」機能を果たす

　ESG関連の株価指数としては、S&P ダウ・ジョーンズ・インデックス社とともにつくった、広範で多様な投資対象を維持したままESGエクスポージャーを高められる「S&P/JPX 500 ESG スコア・ティルト指数シリーズ」や炭素効率性に着目した「S&P/JPXカーボン・エフィシェント指数」、FTSE Russell社とともにつくった「FTSE JPX ネットゼロ・ジャパンインデックスシリーズ」などがあります。

しいブロックチェーン技術を用いることで投資家がいつでも最新のデータを確認できる仕組みです。

また、2023年11月には、東証上場会社各社のウェブサイトで、開示されたESG関連情報を一元的にまとめた「JPX ESG Link」がスタートしました。DATAZORA株式会社と共同で開発したもので、たとえば、同業他社がアップデートしたESG情報の検索が容易になります。

東証ビルはすでにCO₂排出量ゼロを実現 本業と結びつけた戦略を

そのほか、経済産業省と共同で特定のテーマや指標を設定し、積極的に取り組んでいる企業を年に1回、公表するテーマ銘柄の選定も行っています。女性が働き続けるための環境整備や女性の活用を積極的に進めている企業を「なでしこ銘柄」、健康経営に戦略的に取り組む上場企業を「健康経営銘柄」として公表しており、2024年からはSXを通じて企業価値向上を実現する先進的企業を「SX銘柄2024」として公表予定です。

私自身もJPXのサステナビリティ推進担当者として実務を担っており、本業と結びつけながらサステナビリティを考える立場にあります。たとえば当社の場合は株式の売買に使用する大きなサーバーが電力を多く消費するため、長期的に株式市場を支えることを目的に再生可能エネルギー発電設備等を所有し、自ら創出する取り組みを行っています。東京本社の東証ビルや大阪本社では2021年9月から、再エネ電源の利用を開始し、CO₂排出量はゼロになっています。

2023年10月には岸田文雄総理大臣が、代表的な公的年金基金、少なくとも90兆円規模の7基金が新たにPRIに署名し、ESG投資にコミットするとコメントしました。2024年は、大きなお金がESG投資に向いていく時代になるでしょう。われわれも上場会社に向けた非財務情報開示を中心とした取り組み支援、株価指数など投資家へのESG関連商品・仕組みの提供に一層注力していきます。●

近年、とくに力を入れているのは投資家向けのサステナビリティ情報発信プラットフォームの構築です。2022年7月に公開した「ESG債情報プラットフォーム」では、ESG債の基礎的な情報、発行体情報、各評価機関による評価の情報を集約して公開しています。それまではESG債の情報が点在しており、ESG投資家が各自で同じような情報の集め方をする必要があり、非効率な状況にありました。われわれがこのプラットフォームで情報の集約や発信を適切に行うことで、ESG市場が拡大していくことを願っています。

類似するものに、グリーンボンドにかかわるグリーン性指標をリアルタイムで可視化する「グリーン・トラッキング・ハブ」があります。たとえば、太陽光パネルを100億円分つくるグリーンボンドを発行し、投資家が100億円で購入した場合、投資家は資金の充当状況やそのCO₂削減効果などのグリーン性指標をモニタリングしますが、多くの企業がそうした情報を統合報告書に含めて公表するのは期末後半年程度を経過した頃であり、投資家が受け取るモニタリングの情報に大きな時差が生まれてしまいます。もし太陽光発電であれば、日々どれだけの電気がつくられてどれだけのCO₂削減効果があったかをデータの利用で比較的簡単に可視化できますし、改ざんの難

国際環境NGOのCDPに聞く

開示の本質と
質問書に込められたメッセージ

「CDP（Carbon Disclosure Project：カーボン・ディスクロージャー・プロジェクト）のAリストに選定された」。

近年、サステナビリティに先進的な企業のプレスに誇らしく記載される文言だ。

このAリスト入りを目指し、多くの企業が毎年締め切り前にはCDP質問書の回答の準備に追われることとなっている。

かように存在が大きなものとなったCDPだが、ESG評価機関とは名乗っていない。

「長期的に人々と地球のためになる経済の繁栄」を目指す国際環境NGOが見ているものは何なのか。

［聞き手］松本 素之　一般社団法人日本能率協会 地球温暖化対策センター　　Photo: Koo Kaori　Text: Shun Kato

松川 恵美

一般社団法人 CDP Worldwide-Japan
リージョナル・ヘッド、サプライチェーン＆レポーターサービス

原田 卓哉

一般社団法人 CDP Worldwide-Japan
シニア・マネジャー、レポーターサービス

世界の3分の2をカバーする 情報開示プラットフォーム

——CDPは、国際的な環境NGOであると同時に、ESG評価機関としての存在感も高まっています。改めて、団体の概要について教えてください。

松川 CDPは、2000年に設立された英国発の国際NGOで、日本では2005年に活動を開始しました。投資家・企業・自治体などが情報開示を通じて自らの環境影響を認識し、真に持続可能な経済を実現するための行動を起こせるよう、環境影響を評価するためのグローバルな情報開示システムを運営しています。

「投資家、企業、都市、政府が、環境影響を測定して行動することでサステナブルな経済を構築することを促進する」というミッションにあるとおり、われわれはあくまで国際的な環境NGOであり、自分たちをESG評価会社であるとは言っていません。開示を通して行動を促すことが重要で、スコア付けは工程の一つにすぎません。

とはいえ、行動を促すためにも、環境分野での比較可能性を投資家や顧客企業に提供するためにも、必要なスコアリングを届けているという自覚はあります。このため、金融庁やグローバルなESG評価機関の行動指針に賛同していますし、透明性やアカウンタビリティも重視しています。今後、スコアリングの重みは一層増すでしょう。

設立当初は、気候変動、すなわち脱炭素に関する情報開示を主に行っ

てきましたが、その後、フォレストと水セキュリティが加わり、現在は環境全体さらにはプラネタリーバウンダリー全体へと広がっています（**図表1、2**）。取り扱う領域が広がるとともに、開示の要請先も広がっています。2023年は、750の金融機関が署名機関として開示の要請をサポートしてくれていますし、取引先に開示要請を行う350以上のサプライチェーンメンバーも幅広い分野にわたっています。

——質問書に対する回答率の変遷について教えてください。

原田 2003年に最初の質問書を出したときには、グローバルで約200社から回答を得ました。それが2023年現在、2万3000社まで拡大しました。

図表1 CDPの情報開示システム

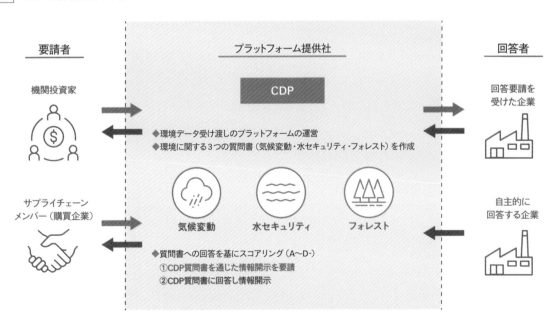

図表2 CDPの情報開示の進歩

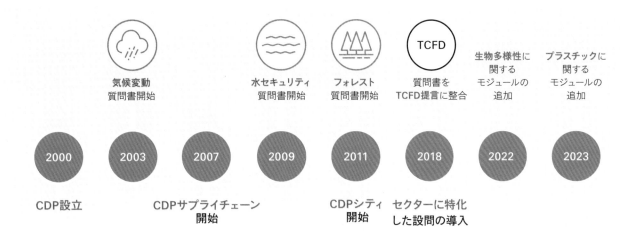

これは世界の時価総額の約3分の2をカバーする規模です。2022年にも回答率の伸びは見られましたが、2023年はそこからさらに24%増加して、パリ協定が合意された2015年に比べると3倍以上伸びています。

松川 日本企業について言うと、2023年は2000社ほど。うち、プライム企業が約1200社含まれています。2020年にトピックス500からプライムへと拡大したことが、回答社数の伸びに貢献しているようです。（**図表3**）

——CDPの情報開示の仕組みはどのようなものでしょうか。

松川 CDPは、質問書に回答して開示してもらうためのプラットフォームの役割を担っています。各社が自社のウェブサイトや統合報告書に掲載するための標準をつくっているという感覚です。GHGプロトコル、SBTi（SBT

図表3 CDPの情報開示システムの回答企業数の推移

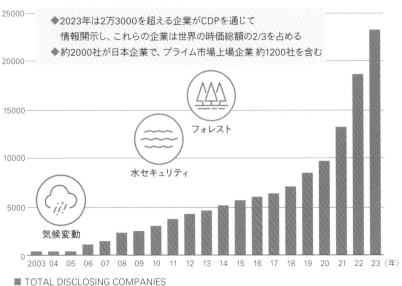

◆2023年は2万3000を超える企業がCDPを通じて情報開示し、これらの企業は世界の時価総額の2/3を占める
◆約2000社が日本企業で、プライム市場上場企業 約1200社を含む

■ TOTAL DISCLOSING COMPANIES

のための世界的共同イニシアチブ）、TCFDなどとも整合し、環境に関して世界でもっとも使われているフレームワークと言ってよいでしょう。

CDPのスコアには、Dマイナスから

Aまで8段階のスコアがあり、4つの評価レベルがあります。評価レベルは、現状把握ができている「情報開示」レベルから、環境問題が自社の事業にとってどのような影響をもたらすか「認

識」しているレベル、環境問題による
リスクや影響を管理している「マネジ
メント」レベル、そして、環境問題を
解決しようとしているかを評価する
「リーダーシップ」レベルへと、階段状
にレベルアップしていきます（**図表4**）。
要請に対して回答がない場合は、F
評価。また、A評価を得るには、回
答を要請元に対してだけでなく一般に
公開することが条件となります。

　CDPといわゆる評価会社との違い
は、CDPは開示を目的とする公平な
開示の促進の一端を担っているという
点。アンケートの回答を得てスコア付
けすることが目標ではなく、質問書へ
の回答と開示を目標としているのです。

　2022年に提出された回答におい
て、全体のわずか1.5〜3％ほどのA
リスト企業のうち、気候変動、フォレ
スト、水セキュリティの全分野で、日
本の企業数が世界最多となっていま
す。一方で、金融機関から要請を受
けているプライム市場の中で、700社
は要請に対して回答がなく、二極化
が進んでいます。

　グローバルリーダーシップの評価を受
けるAリスト企業では、代表取締役を
はじめとする経営層が、環境と経営の
結びつきを強く認識されています。回
答と開示の意義が理解できていない企
業は、今後のビジネスにおいて置き去
りにされてしまうのではないでしょうか。

▍現状維持ではスコアダウン
▍評価を上げるポイントは？

——質問書を見ると、評価のポイン

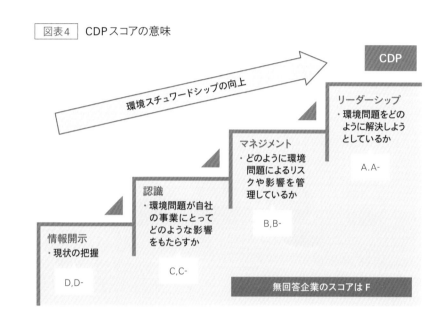

図表4　CDPスコアの意味

環境スチュワードシップの向上

CDP

リーダーシップ
・環境問題をどの
　ように解決しよう
　としているか
A, A-

マネジメント
・どのように環境
　問題によるリスク
　や影響を管理
　しているか
B, B-

認識
・環境問題が自社
　の事業にとって
　どのような影響
　をもたらすか
C, C-

情報開示
・現状の把握
D, D-

無回答企業のスコアはF

トとして経営層の責任やガバナンス
も、非常に重要な要素の一つとして
位置づけられていますが、いかがで
しょうか。

原田　そのとおりです。CDPは「ネッ
トゼロ」を目指して毎年評価における
期待値を上げているので、前年と同
じ取り組みでは相対的に評価が下
がってしまいます。取り組みを加速す
ることが、とくにリーダーとされる企
業には求められていて、そのために
は経営層レベルで推進してもらうこと
が不可欠です。

　2023年からは、ポリシーエンゲージ
メントをより重視しています。個社の
力には限界がある中で、業界団体を
通じた政府への働きかけが求められ
るからです。また、再エネの利用率
に関してもレベルを上げています。
2023年末に開かれたCOP28でも、

2030年までに再エネ容量を3倍にす
ることが合意文書に含まれ、再エネ
の重要性がこれまで以上に明確化さ
れました。

——評価のポイントの一つとして、第
三者検証も重視されていますね。

原田　質問書の中で、スコープ1、2、
3それぞれについて第三者検証を受け
ているかどうかを問う項目があります。
検証を受けているという回答には添
付資料も求めていて、信頼性を確保
するようにしています。第三者検証はス
コアにも反映される項目で、Aを取る
ための条件として、たとえばスコープ
1、2なら100％以上、スコープ3なら
少なくとも1カテゴリ70％以上の検証
を受けていることが条件になります。

松川　信頼できる第三者から検証を
受けることも重要です。そのために

CDPは、ミッションを共有して質の高い支援を提供できる団体・機関を、パートナーに認定しています。その一つが、「Verification partner（第三者検証パートナー）」です。日本では日本能率協会（JMA）と日本品質保証機構（JQA）が担っています。

——サプライチェーンプログラムの概要とねらいについても、教えてください。

原田　サプライチェーンプログラムは、企業がCDPを介してサプライヤーに情報開示を要請することで、サプライチェーン全体の環境リスクと事業機会を特定し、サプライヤーの取り組み状況を反映した戦略的な働きかけを通じて、環境リスクを低減していくプログラムです。2023年時点で、世界の約350以上の組織がサプライチェーンメンバーとして同プログラムに加盟しています

原田氏

す（https://japan.cdp.net/program）。

サプライチェーンメンバーとなった組織は、サプライヤーに対して、気候変動、フォレスト、水セキュリティに関するリスクと機会の報告を求め、サプライヤーは、CDPの質問書に回答します。2023年には、世界で約5万3500社に要請し、約2万1500社から回答を得ました。

松川　プログラムのねらいは、サプライヤーと課題を共有し、リスクと機会に気づいてもらい、ビジネスの変化に対する耐性を強化してもらうこと、ひいてはサプライチェーン全体のビジネストランジションを促し、ネットゼロやネイチャーポジティブを加速させることです。

サプライチェーンプログラムが生まれたきっかけは、2008年、米国の回答企業の一つWalmart（ウォルマート）から、「自社のサプライヤーにも回答を求めたい」と要望があったことでした。当時はまだ「スコープ」という概念も「ネットゼロ」という言葉すらも登場していない時代でした。そんな中、CDPのデクスター・ガルビン（現・CDP チーフ・コマーシャル・パートナーシップ・オフィサー）がサプライチェーンスキームを構築し、それが現在、「スコープ3の削減」という明確な目標を達成するための手段となっています。

サプライチェーンスキームは、世界中のサプライチェーンメンバーが、自社のサプライヤーに測定と開示を要請し、サプライヤー自身に自社の健康状態を把握してもらうことで、より広い範囲に行動変容を促す仕組みであり、サプライチェーンの中間や川下に位置

するサプライヤーへと効果を波及させるための仕組みなのです。

原田　2024年からは、中小企業にとっても回答しやすくなるよう、SME（Small and Mid-sized Enterprise：中小企業）版の質問書をお送りします。

中小企業による、より積極的な情報開示を促すために、SME版では質問形式は簡略化され、またデータ・ポイントが少なくはなりますが、基本的には完全版と整合した回答が求められます。TCFDの開示義務を負わない非上場企業でも、いずれは事業機会と事業リスクを踏まえたビジネストランジションを迫られるでしょう。サプライチェーンプログラムを通じて思考と行動の連鎖を広げ、さらにはネットゼロを実現するためのスキームとして貢献できるプログラムだと思います。

質問書に散りばめられた経営に必要とされる観点

——重要性を理解しつつも、複数の評価機関への回答作成や対応に苦心されているサステナビリティ担当者は少なくありません。そのような悩みを抱える担当者へのアドバイスをお願いします。

松川　CDPの質問書への回答を統一プラットフォームとして活用いただくことで、複数の機関や企業への情報開示に対応できます。CDPのデータは、RE100やSBT、IPCC（Intergovernmental Panel on Climate Change：気候変動パネル）のレポートに使われたり、TCFDと整合したりしています。来年の開示

松川氏

からは、IFRS S2、TNFD(Taskforce on Nature-related Financial Disclosures：自然関連財務情報開示タスクフォース)とも整合します。

また、CDPの質問書はガバナンスを重視していますので、経営の理解なくしてリーダーシップを取ることはできません。CDPが行っている政策提言や見解を発信するウェビナーなどに出席したり、質問書やガイダンスを使って世界標準を学んだりしたうえで、経営層の方々にも共有してみてください。

原田 サステナビリティ担当者の方々は、大変苦労されていると思います。ただ、質問書の回答要請が来たら「チャンス」と捉えてみてください。CDPの質問書に回答することで、「こういうことがいま求められているのだ」

と気づけますし、リスクや機会について考えられます。

CDPでは、たとえば2024年はISSB統合したりTNFDを入れたりと、日々、質問書の内容をアップデートしています。いくつものフレームワークを熟読して対応するのは非常に大変ですが、CDPの質問書に回答することで、各フレームワークについてある程度理解できるようになります。実際に、「CDPの回答を転用できて助かった」という声も耳にします。今後政府の規制が強化されても、先行して準備しておけば安心です。自社の事業戦略にも役立ちますし、開示することで多くの投資家や顧客企業の目に触れます。

われわれも、担当の方々の負荷を減らせるよう、より使いやすいプラットフォームを目指して改善を続けたいと思います。CDPは非営利組織ですから、企業と競争するよりむしろ応援団だと考えています。ぜひご活用ください。

──経営層の方々に向けたメッセージもお願いします。

松川 環境対応は、短期的には「余計なコスト」と映るかもしれません。しかし、ご自身の任期を終えた後、若い世代が持続的にビジネスしていくために「今」何をするかが問われます。

長期的に将来について考え、次世代に会社を引き継ぐと同時に、一個人としても、子どもや孫の世代を困らせない経営ができることが理想ではないでしょうか。そのためには、環境対応が経済として成り立つような、有効な資本主義・サステナビリティ経営

への転換を、大きな目標に据えることが重要なのだと思います。

質問書には、これからの経営に必要とされる観点が散りばめられています。質問書からリスクと機会を読み取って、社内で部門横断的に議論し、経営マターとして捉えることが重要です。質問書に回答する中で得られた気づきを、ぜひ経営に生かしてください。

──CDPの質問書に興味を持った企業が、自主的に回答する方法もあるのですか。

松川 もちろん自主回答できますし、質問書やガイダンスもすべてダウンロードして見られます。ニュースレターも発信していますので、積極的に情報収集して回答に備えるのもいいと思います。開示なくして投資家との対話は始まりませんから、要請が来たらぜひ回答してください。

原田 スコアを重視しすぎて「回答しない」ことを選択する企業もいらっしゃるかもしれませんが、回答要請を受けているにもかかわらず、非回答の場合はDよりも低い「Fスコア」となります。まずは回答して自社の立ち位置を知ることが重要です。さらに大切なことは、翌年、その翌年も改善できているか。CDPでは、スコアレポートや、ご希望があれば個社ごとの回答を分析した解説「スコアフィードバック」も提供しています。

松川 スコアに一喜一憂するのではなく、「質問書は2050年ネットゼロに向けた自社のジャーニー（旅）の道標」だと考えていただければ幸いです。🔋

Chapter

3

自社らしさを生かし、実践する企業

パーパスを掲げ、マテリアリティを絞り込み、行動指針やKPIを設定し、運営組織を動かしながら、粛々と数字をクリアする。欧米先行のサステナビリティマネジメントをいかに自家薬籠中のものとしていくか——。だがそこにはサステナビリティマネジメントの本質はない。「自社らしさ」を最大の資源として非財務価値を取り込んだ持続的な経営革新こそが本質である。「自社らしさ」を持ち、マネジメントを実践する企業を紹介する。

温室効果ガス削減

未利用な食糧資源を生かすサステナビリティネイティブ
農家やサプライヤーと協力し、GHG削減を中心に力を注ぐ

創業以来、未利用な食糧資源を生かした商品づくりで人々の健康に寄与し続けてきたカルビー。
サプライチェーンの温室効果ガス（GHG）排出量が問われる中、自然の恵みを大切に生かし続けるために、
約1700戸の農家やサプライヤー数十社とともにGHGの削減を中心に挑んでいる。

[聞き手] 松本 素之　一般社団法人日本能率協会 地球温暖化対策センター　　　Photo: Takashi Oguchi　　Text: Satoru Sato

後藤 綾子
カルビー株式会社 サステナビリティ推進本部 本部長

バレイショのGHG排出量
見える化とリン酸減肥に挑む

――貴社は2023年2月に新しい5つのマテリアリティを発表して取り組まれています。いずれも重要な課題だと思いますが、とくに力を入れている課題はありますか。

いまもっとも重視して取り組んでいる課題はTNFD（自然関連財務情報開示タスクフォース）、つまり自然資本の保全につながる課題です。従前より継続的に取り組んでいるのはGHG削減です。

スコープ1、2の目標については、ほぼ順調に削減が進んでいます。現在国内13工場中、9工場が再生可能エネルギーに切り替わっています。また残りの4工場のうち3工場については栃木県宇都宮地区の「清原工業団地スマエネ事業」に参画し、複数企業でGHG削減と省エネおよび災害時のレジリエンス向上等の成果を出しています。こうしたことは1社だけでは達成できないので、バリューチェーン上の他企業との共創がとても大切になってくると考えています。とくにこれからは異業種との協力も重要になってきます。このスマエネ事業を例にしても、似たような業種ばかり集まっていたらエネルギーの需要ピークが重なりますが、異業種と協力することでエネルギーを使用する時間帯、季節等のピークが異なり、うまくエネルギー需要を平準化できたと思います。

一方スコープ3カテゴリー1には課題があります。自社だけでは原材料

に関する大幅な削減が難しく、農家やサプライヤーにも協力してもらう必要があります。そのために、まずはどこでどれだけ排出しているか細分化して"見える化"する必要があると考えました。

そこで昨年より排出係数IDEA（Inventory Database for Environment Analysis)に切り替えて基準年度以降を再計算しています。過去の分までさかのぼる、かなり手のかかる作業ですが、削減対象を分解できなければ何をすれば削減できるかがまったく見えないわけです。また原材料の多くを占めるバレイショについて、その生産プロセスの中でどこからいちばん多く排出されているのか、現場をまわってヒアリングした結果、ほぼ肥料と農薬と農機の燃料であることがわかってきたのです。各圃場によりさまざまな条件があるため、土壌分析等を行い、テストを繰り返すことが必要です。農薬を減らせば収量減の可能性もあり、一概に減らせばいいとも言えません。

現在農林水産省が、「農産物のGHG削減の『見える化』実証実験」をやられていて、2023年度からバレイショもその対象になったため、農家に見える化の意図を説明し、実際何をどのくらい使っているのかをヒアリングしているところです。ただ当社が契約している農家（約1700戸）のうち数十戸程度しか訪問できていませんし、また北海道と鹿児島など異なる地域を同じ数字で捉えていいのかといった課題もあり、農林水産省と話し合いながら進めているところです。

サプライヤーの皆さんにはカルビーオリジナルの質問を加えたグローバル・コンパクト・ネットワーク・ジャパンの「CSR調達セルフ・アセスメント質問票」に答えていただきました。バレイショ以外の原材料については、2022年に環境省の「大企業のサプライチェーン全体の脱炭素化推進モデル事業」に参画しアドバイスをいただきながら、結果を分析したうえで今後どのように自社がエンゲージ可能な取り組みができるのかを検討しています。

――原材料を提供する農家へのアプローチをとても大切にしてらっしゃるのですね。

私たちの仕事は農業にとても近いと考えています。当社は国内生産量の約6分の1にあたるバレイショを調達しています。農家とコミュニケーションを取りながら原料から販売までの体制を整え、二人三脚でバレイショの品質・収量向上に取り組んできたからこそ、いまがあると思っています。当然バレイショ生産時のGHG排出量にも着目しなければならないし、自然資本の保全に関しても取り組まなければならない。そこで新しいマテリアリティの中に、バレイショの肥料であるリン酸の減肥を入れたのです。

――リン酸の減肥にまで取り組まれるとは正直驚きました。原単位の調査やリン酸の減肥は、農家の協力なくしては得られないと思います。このような協力体制がとれているのは、貴社の農家に対する長年の取り組み

があったからだと拝察します。

リン酸は農業にとっては必須の肥料です。しかし、ほとんどが輸入したものであることから温暖化や戦争などのさまざまな要因で手に入らなくなるときが来るかもしれませんし、土の中に入れすぎると川や海に過剰に流出して生態系にも影響を及ぼします。

リン酸を減らすことが持続可能な原料調達や生態系への負荷低減にもつながり、農家もコスト面で助かります。かといって減らしすぎると収量が減る可能性があります。そこでまず、いまどれだけ土の中にリン酸があるのかを測定したり、実際にリン酸減肥をした圃場試験を、帯広畜産大学と一緒に数年かけて行い、ホクレン農業協同組合連合会にも新肥料銘柄の検討等のご協力をいただいております。

▌輸入量全体の約6%相当量の パーム油を認証油に切り替え

──まさに農業そのものの取り組み

です。パーム油のRSPO認証（持続可能なパーム油のための円卓会議）にも力を入れておられますね。

当社は日本に輸入されているパーム油の約6%と、主に生産のフライ工程などの調理油として多くのパーム油を使っています。だからこそ当社は、2022年に国内の全拠点で使うパーム油をRSPO認証油（マスバランス方式）に切り替えました。ただし、コストもかかるうえ、毎年更新審査があるため継続するのは簡単なことではありません。「他の油に替えたら?」と思われるかもしれませんが、パーム油は加工適性が高く単位面積あたりの収量も多い油です。そもそもパーム油自体は悪くはなくて、そのつくられ方に問題があるのです。RSPO認証油は人権や環境に配慮された油なのです。

当社は主力商品にRSPO認証ラベルをつけていますが、お客様に認知いただくのはなかなか難しいと感じています。商品の表面にラベルをつけていても、気づいてくださる方は少数

RSPO認証ラベルのついた「ポテトチップス　うすしお味」

です。そこでマーケティングと広報とわれわれの部門で連携して、パーム油に関する動画をつくりました。工場見学や食育授業で見ていただくと「わかりやすい」と言ってもらえるのですが、認証についてはそこで初めて知ったというケースがほとんどです。本当に難しいですが、根気よく伝え続けることが使命だと考えています。

▌マテリアリティは 適宜見直し特定する

──認証油と非認証油によって、管理レベルの違いから焼き畑等の影響によって当然排出されるCO_2排出量も異なると考えます。ここの差が具体的に言えるようになると、コスト以外にメリットが出て、対外的にアピールができるようになると思います。ところで気になっていたのが、今回マテリアリティの見直しをされたことです。一度決めたマテリアリティ（重要

契約生産者と会話をするカルビーグループ会社の「カルビーポテト」のフィールドマン（左）。カルビーポテトは食品メーカーであるカルビーが、契約生産者とのコミュニケーションを深めるためにつくった原料調達会社。細やかな対話でカルビーと農家の方々のエンゲージメントを深めている

課題）を変えることは、KPIやTCFDのフレームワークなど全部にかかわってくるので大変ではないですか。

見直しに取り掛かったのは、私がこの部署に着任して2ヵ月経った頃だったので、個人的には「せっかく理解したのにもう変えちゃうの?」と思いました（苦笑）。見直したといっても内容がガラリと変わるわけではなく、同じテーマで続けている項目もたくさんあります。そこに新たな社会課題に応じたテーマを追加し、仕組みに落とし込めるものは既存組織の業務に落とし込むなど、社内外の状況に応じた見直し、と捉えています。

最初の8つのマテリアリティは2020年5月に公表しました（**図表1**）。しかしこの数年で人権や生物多様性の課題などがどんどん顕在化し、また新型コロナや戦争などの影響を受けて外部環境が大きく変化しました。さまざまなステークホルダーの方からのご指摘もあり、2022年6月から見直しを開始、現在は5つに特定しています（**図表2**）。

マテリアリティは、社会課題をマッピングしてその重なりを見たうえで決定しました。主な課題では生態系保全を自然資本の保全に変えて、持続可能なサプライチェーンには人権も含め取り組みの重要度を高めました。なお、コーポレートガバナンスは経営基盤の大前提として今回は省略し、またパーム油もマテリアリティからは外しました。国内では認証油に100%切り替わり、活動として仕組みに落とし込む段階になったためです。今後も取

| 図表1 | 2020年のマテリアリティ |

 食の安全・安心の確保

 地球環境への配慮

 健やかさと多様なライフスタイルへの貢献

 人・地域社会・コミュニティとのつながりの深化

 農業の持続可能性向上

 多様性を尊重した全員活躍の推進

 原料調達・物流の効率化と安定的な確保

 コーポレート・ガバナンスの強化

| 図表2 | 2023年のマテリアリティ |

 人々の健やかな暮らしと多様なライフスタイルへの貢献

 地球環境への配慮

 農業の持続可能性向上

 多様性を尊重した全員活躍の推進

 持続可能なサプライチェーンの共創

り組みは続きますが、新しいテーマが次々と入ってくるため、そちらに注力するために今後も、このような見直しを繰り返します。また、KPIに関しても、進めていくうちに違和感が出てきたりすることがあるため、マテリアリティは今後も数年に一度は見直す必要があると考えています。

┃ 創業の精神があるから
いつでも基本に立ち返れる

――お話を伺っていると農家との関係をはじめ、共創を大切にしてサプ

ライチェーンに寄り添う形で事業をされてきたのだなと感じました。その姿勢は企業理念から来ているのですか。

当社は「健康に役立ち、安全で安価な商品づくりと、未利用な食糧資源を活かした商品づくりを目指して、社内の英知を結集するために企業を組織する。」という創業の精神があり、未利用資源を活かして健康に貢献してまいりました。

創業当時は食糧難の時代で、創業者の松尾孝は、いかに人々に健康な食品を手軽にお届けできるかにすごく思いをかけていました。栄養の専門

家から米ぬかには栄養があると聞き、それなら手に入れられると、最初は米ぬかに野草などを混ぜた団子を売り出したのです。

同じ発想で、「かっぱえびせん」も活用されていなかった小エビを使って生まれました。「ポテトチップス」もデンプン利用ばかりだったバレイショを、米国ではそのまま加工食品として使っているのを見て感銘を受けてポテトチップスにしました。さらに、大きさなどがポテトチップスの規格に合わないバレイショを活用して「じゃがりこ」を開発。すべてがそういう発想で進んできているんです。

松尾の言葉に「商売は人助け」というのがあって、創業の精神と並び当社の中で語り継がれています。創業時は十分な栄養を摂取できない方がたくさんいて、ビタミンB$_1$が不足して

脚気になる人が多かった。そんな人たちの健康に寄与したいとの思いから名付けたのが、カルシウムとビタミンB$_1$を組み合わせた「カルビー」という社名なんです。

基本的に当社の創業の精神と企業理念は、サステナビリティと連動しているので、改めてパーパスを掲げていません。新たにパーパス、ビジョン、ミッションをつくらなくとも、ここに立ち返ればサステナビリティだと言えるから。それは非常にありがたいと思っています。

——貴社の歴史そのものがサステナビリティなのですね。

当社はプラスチック削減に注目が集まる前から、パッケージのダウンサイジングや、中身製品の品質を維持しながらフィルムを薄くすることに長年取り

未利用な食糧資源を活用した代表的なカルビーの製品。同社の看板商品となった「かっぱえびせん」と「じゃがりこ」

組んできました。「じゃがりこ」のカップも、配送効率や紙資源の利用を減らす考えから、空間を極力減らし、その高さを低くしています。いまのKPIはそういった取り組み後のベンチマークなので、「これまでも削減してきたのに」という思いがあるのは確かです。ただしその観点は環境側面もありましたが、コスト・ロス削減の意味合いが強かったのも事実です。

昨今、プラスチックは悪者扱いされますが、いまポテトチップスなどの包装で一般化しているアルミ蒸着フィルムは、品質を守るためのもので、当社が包材メーカーとともに開発したと言っても過言ではありません。当社のポテトチップスは当初透明のパッケージでしたが、それだと光や外気の影響により油が酸化し、劣化が早くなる。そこでこのアルミ蒸着フィルムを開発したのです。

それがいま「何で紙にしないのだ」というご要望をいただく時代になった。でも紙だけにしたらすぐ油がしみたり、湿気たりしてしまい、フードロスが確実に増えます。もちろん紙を使っ

た包装にもチャレンジしていますが、品質は守らなければいけない。そんな中アルミ蒸着フィルムもリサイクルできる技術を持つ「アールプラスジャパン」に資本参加を行い、将来的なその技術の展開と、その原料となるさまざまな使用済みプラスチック（アルミ蒸着フィルム含）の回収実証実験等を、小売業や自治体、小学校などと進めています。

持続可能なサプライチェーンの共創に取り組むカルビーでは、ホワイト物流推進運動に賛同し、物流の工夫にも取り組んできた。写真は導入が進む自動倉庫

「なんとかしなければ！」をいかに腹落ちさせるか

——貴社が創業時からサステナビリティに取り組んできた企業であることがよく理解できました。改めてマテリアリティ設定以後の取り組みを通じて感じたこと、思われたことはありますか。

　私自身、営業部門から当部門に着任した際、「世の中の流れを受けてサステナビリティに取り組んでいるだけ？」という誤解が少なからずありました。しかしながら、カルビーグループは農業に密接にかかわり、依存し、かつ影響を与えています。現に私が営業担当だった2017〜21年は、気候変動による影響で頻繁にバレイショが不足し、小売業や消費者と当社グループとの間に立ち、社内で緊急対策会議もしばしば行われていました。「想定外で……」が通じない時代になってきたことを実感しています。

　この数年は、気候変動による異常気象の影響は当社事業継続にとって最大級の重要課題である、ということを再認識し、危機感を持って各所で対応が進むようになってきたと感じています。

　社内からの勉強会開催要請も増え、皆「なんとかしなければ！」という思いを持って各所で取り組みが行われています。しかしその取り組みがサステナビリティにどうつながっているのか理解されないままのケースや、自らの業務とどう結びつけ、何で貢献できるか？についてはまだまだつなげられていないのが実情です。

　いかに創業の精神・企業理念の実践を突き詰めながら、経営レベルでサステナビリティの課題設定を行い、各個人の業務とつなげ、その重要性を伝え続けていくかがとても大事だと考えています。現在当社はサステナビリティを「事業基盤の一つ」として捉えていますが、私個人としては、2030・2050年には、さらにビジネスと融合し、経営戦略の中心にサステナビリティがくることを目指しています。

Corporate Profile

カルビー株式会社

創立	1949年4月30日
事業内容	菓子・食品の製造・販売
従業員数	連結4839名（2023年3月31日現在）
創業の精神	健康に役立ち、安全で安価な商品づくりと、未利用な食糧資源を活かした商品づくりを目指して、社内の英知を結集するために企業を組織する
企業理念	私たちは、自然の恵みを大切に活かし、おいしさと楽しさを創造して、人々の健やかなくらしに貢献します。

SUSTAINABILITY MANAGEMENT

Chapter 3-2

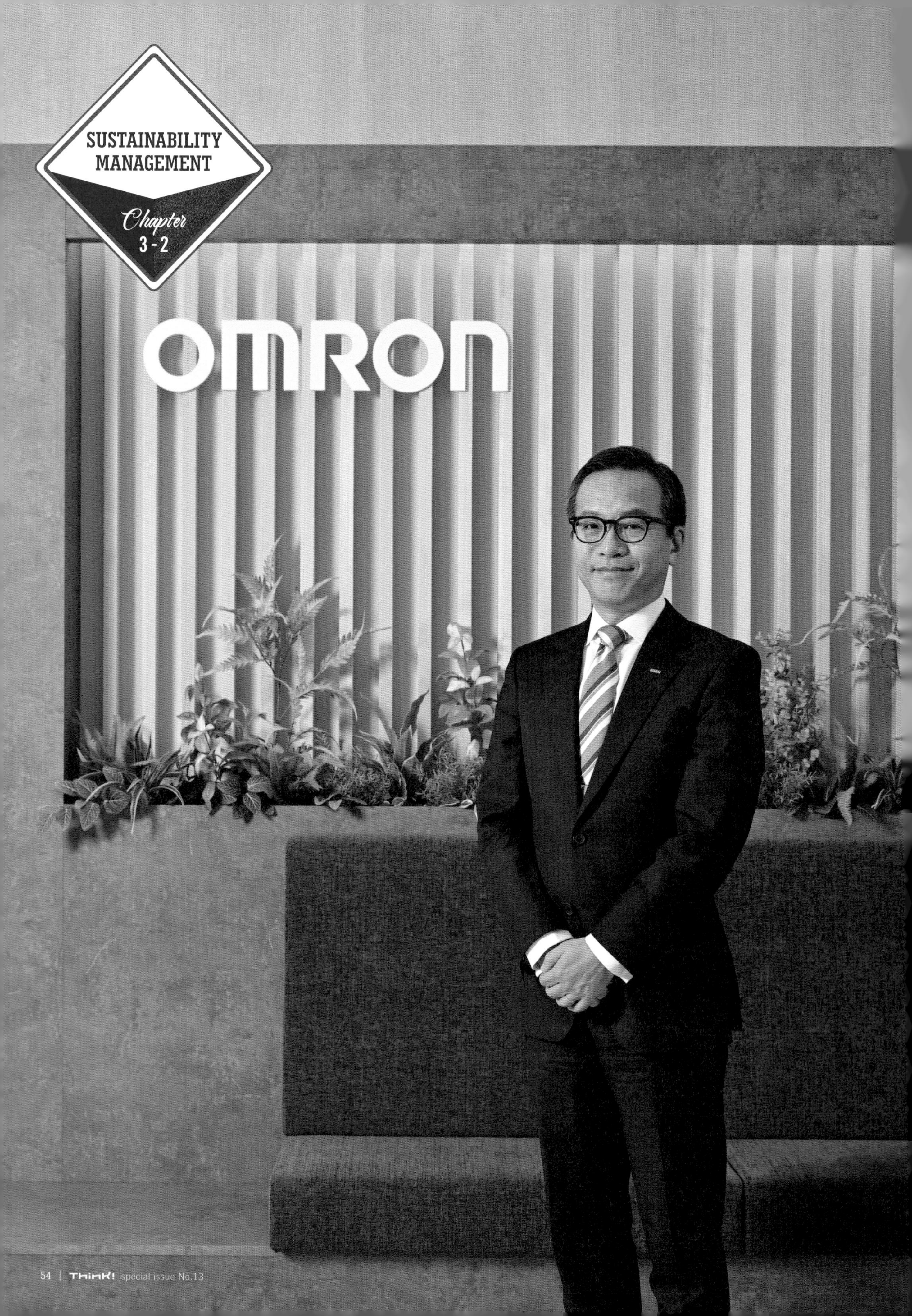

サステナビリティ・トランスフォーメーション

社会課題の解決を通じた企業成長モデルはいかにしてつくられるか
長期ビジョンで描く成長シナリオ

企業理念の実践を通じて、社会の発展と企業価値の向上を目指しているオムロン。ESG評価機関やデータプロバイダの格付けにおいてもグローバルで高い評価を受けるなど、サステナビリティ経営の模範的企業と言える。同社のサステナビリティマネジメントをひもとき、社会課題の解決と本業を同期化し企業成長に結びつけるカギを探る。

［聞き手］松本 素之　一般社団法人日本能率協会 地球温暖化対策センター　Photo: Takashi Yamade　Text: Shun Kato

井垣 勉

オムロン株式会社 執行役員常務 グローバルインベスター＆ブランドコミュニケーション本部長
兼 サステナビリティ推進担当

社会課題の解決で成長してきた歴史

——サステナビリティ経営の取り組みにおける貴社の原点をお聞かせください。

サステナビリティ経営の始まりは、創業期の時代までさかのぼります。創業者の立石一真は1959年、会社の憲法に当たる「社憲」を定めました。それには、2つの想いを込めたと言われています。

一つは企業の公器性です。立石は企業と社会は共存共栄の関係であるという考えの下、「社会にもっともよく奉仕する企業には、社会がもっとも多くの利潤を与える」という言葉を残しました。もう一つは、自らがその先駆けに

なるという決意。より良い社会は、ただ待っているだけではやって来ません。誰かが失敗を恐れずにチャレンジし、イノベーションを起こしてこそ実現できるものです。立石は当時、オムロン自身がその先駆けとなって社会の発展に貢献していく姿勢を明確に打ち出しました。それ以降、経営が目指すところと社員が働く意義が一体となり、事業を通じて社会課題を解決することが経営の大きな特徴になりました。

これは、社会課題の解決と会社の成長が、完全に同じベクトルを向いたということを意味します。

——そうした原点が、いまなお脈々と受け継がれているということですね。

オートメーションというコア技術を駆使し多くのイノベーションを世に送り出し、社会課題を解決し成長してきたのが、オムロンの歴史です。「社憲」の精神も企業理念として受け継ぎ、現在も成長のための非常に重要なドライバーになっています。

——サステナビリティという概念を取り巻く国内外の環境は、「社憲」が誕生した60年余り前と比べて大きく変化しました。

サステナビリティ経営の重要性は2010年代から、さらに増してきたと考えています。

外的要因として挙げられるのは、大きく分けて3つ。1つ目は、ESG投

資が広くグローバルに普及してきたことです。日本では2015年、国連主導で発足したESG投資の世界的プラットフォーム「国連PRI（責任投資原則）」に「年金積立金管理運用独立行政法人（GPIF）」が署名したことで、一気に加速しました。

2つ目は、時を同じくして国連がSDGsという概念を策定したことです。企業に限らず、全市民が自分たちと社会の課題をつなげて考えるようになりました。CSRの考え方がメインだった従前に多く見られたのは、企業の社会的責任という観点のリスクをいかに最小化するかという取り組みでした。しかしCSR、そしてCSV（共有価値の創造）の着眼点を包含するSDGsという概念が入ってきたことで、オポチュニティ（機会）でもありリスクでもある社会課題を、2030年までに皆で解決していこうという大きな機運ができたと考えています。

3つ目は統合思考です。ESG投資の広がりに伴い、非財務情報、非財務価値の重要性も企業と投資家の間に拡大。財務と非財務を一緒に考える統合思考が一気に普及しました。

——会社を取り巻く環境は、どのように変化しましたか。

2011年に前の長期（10年間）ビジョン「VG2020」がスタートした際、当時の経営陣はオムロン創業からのベンチャースピリットが薄れていることに課題意識を持っていました。

具体的には、事業を通じた社会課題の解決によって大きく成長する企業に戻らなければならないということです。そのため、2015年に企業理念を改定。2017年には事業計画とサステナビリティ計画を初めて一体化した「中期経営計画」を策定し、資本市場にコミットする形でSDGsも織り込みました。

さらに、2022年に始まった4回目の長期ビジョン「Shaping the Future 2030（SF2030）」では、成長シナリオとしてサステナビリティ戦略と事業の成長戦略を完全に融合した計画をつくる段階まで進化。社会の大きなトレンドと社内の動きがリンクする形で、サステナビリティの取り組みが経営のど真ん中に入ってきています。

■ 付加価値を生み出す ■ ビジネスモデルの進化

——立石氏は1970年に提唱した「サイニック（SINIC）理論」では、効率性や生産性が求められる工業社会の価値観は心の豊かさが重視される価値観に変わると予測しました。「SF2030」の策定にも、この理論を活用したのでしょうか。

「SF2030」の策定に当たって最初に取り組んだことは「サイニック理論」をベースに、2030年までの世の中がどう変わっていくかを分析することでした。「サイニック理論」では社会、科学、技術がどういう関係性で動いていくのかを掛け合わせ、自分たちのオートメーション技術がどう貢献できるかを直接的に見いだせます（**図表**）。そのような未来予測の仕組みは、一般的な企業の分析手法と異なるユニークな点だと思っています。

——「サイニック理論」によると、自律した個が自らの力を存分に発揮しつつ、相互に頼り合い、助け合って創造的な生き方を実現できる「自律社会」が始まるとされています。

そうですね。「自律社会」になれば人間が社会に合わせる必要はなくなり、人がありのままで十分活躍できる社会、まさにダイバーシティが実現した社会に変わっていくと予想されます。そこに移るまでの10年は、古い価値観から新しい価値観への移行期間です。さまざまな社会課題が噴出すると言われていますが、いくつもの社会課題を解決して成長してきたオムロンにとって大きな飛躍のチャンスになるとみています。オートメーションというコア技術を使い、事業を通じて解決する3つの社会的課題が「カーボンニュートラルの実現」「デジタル社会の実現」「健康寿命の延伸」です。

——「SF2030」のシナリオを、どのように実現していこうと考えていますか。

いままでは、とにかくプロダクトを売っていくということで売り上げを立ててきました。しかし、今後はサービスを掛け合わせることで、より付加価値の高いソリューションを創出するビジネスモデルに変換していこうと考えています。

社会課題を設定してビジネスモデルをどう進化させるかというシナリオを描いたのは、本社のプロジェクトチームです。そのうえで何を開発し、どれだけの売り上げ規模を目指すかという

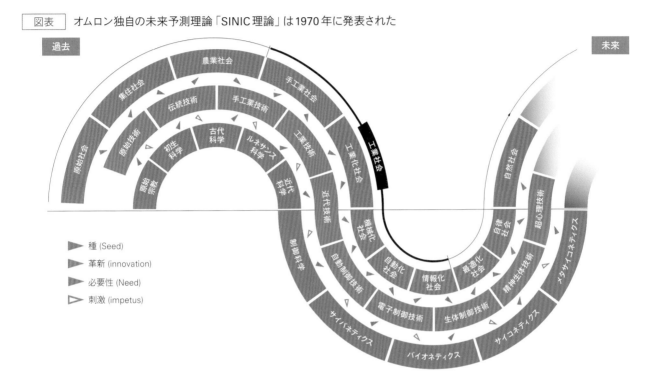

図表　オムロン独自の未来予測理論「SINIC理論」は1970年に発表された

過去　　　　　　　　　　　　　　　　　　　　　　　　　　未来

農業社会　手工業社会

集住社会　伝統技術　手工業技術

原始技術　　　　　　工業技術　工業化社会

原始社会　初生科学　古代科学　ルネサンス科学　近代科学

原始宗教　　　　　　近代技術

制御科学　機械化社会　自然社会　超心理技術

自動制御技術　自動化社会　情報化社会　最適化社会　自律社会　メタサイコネティクス

電子制御技術　生体制御技術　精神生体技術

サイバネティクス　　　　　　　　　　サイコネティクス

バイオネティクス

▶ 種 (Seed)
▶ 革新 (innovation)
▶ 必要性 (Need)
▷ 刺激 (impetus)

具体的な事業計画の必要性を全社に落とし込みました。

　すべての社員が何らかの形で「中期経営計画」「SF2030」に携わるようにしたことで企業理念が自分ごと化されたとともに、「SF2030」のローンチ後も本社広報がリードし各事業現場への啓発・普及活動を繰り返しています。

――なるほど。インナーコミュニケーションも重視しているのですね。

　企業理念の自分ごと化に向けては2012年から、企業理念実践の物語をグローバル全社で共有する「TOGA（The Omron Global Awards）」を実施しています。社員一人ひとりが日々の仕事の中において、企業理念の実

践をドライブしていく仕組みで、社員の行動変容を促していく考え方です。当初は年2500件、延べ2万人程度だったエントリー数は右肩上がりで推移しています。現在は年6900件、延べ5万人ほどに上っています。

　最上位のゴールド賞の中でも印象深かった近年の事例は、国際的な社会課題になっている海洋プラスチックごみをなくすための取り組みです。プラスチック以外の食品包装材は熱に弱く、パッケージにする際にどうしても不良品が出てしまうという技術的な問題があります。しかし、このチームはどんな素材でも不良品を出さず袋とじにできる製造ラインを開発。その結果、グローバル大手食品メーカーなどに採用

され1年目で10億円を超える売り上げを達成し、93万トンものプラスチックごみの削減に貢献しました。

――ソーシャルニーズを的確に捉えるため、とくに重視していることはありますか。

　ソーシャルニーズを創造するうえでは、目標とする未来像を実現するための道筋を逆算するバックキャスティングの視点が非常に重要と考えています。オムロンの経営戦略の特徴は、フォアキャスティングとバックキャスティングが重なる部分を「超具体的な近未来」と設定していることです。想定しているのは3年後から5年後の未来で、近未来のデザインは事業アーキテク

チャを構想することと定義しています。

そのために必要な要素は「技術」「知財」「ビジネスモデル」の3つ。これらを成り立たせるうえでいまから何を準備していかなければならないのかを考えなければなりませんが、天才的な技術者であり経営者でもあった立石は自分だけでその作業を繰り返していました。

2015年、最高技術責任者（CTO）のポジションを創設し、最初に取り組んだのがこの構造づくりでした。2018年には実際の業務を円滑に回していくため、CTOの下に100人体制のイノベーション推進本部を立ち上げました。

——長期的な未来予測に立ったビジョンづくりを重ねる中、ステークホルダーとの対話姿勢で意識していることはありますか。

ステークホルダーとの対話も、長期的な視点に立つことを前提としています。投資家であれば、長期投資を前提とした方がターゲットです。10年という長いスパンの中でオムロンのビジョンに共感・共鳴してくれて、長期ビジョ

ンを達成するためのパートナーとなってくれるステークホルダーをいかに集めてくるか。それがエンゲージメントの基本的な考え方です。

サステナビリティ経営の軸となるのは企業理念経営ですが、単に理念を掲げているだけではありません。オムロンは経営スタンスとして、企業理念を日々の仕事に落とし込んでいく3本柱の構造を持ち合わせています。

柱の一つが、ステークホルダーとのエンゲージメントです。企業価値を上げて長期に持続的な成長をしていくことを考えたとき、ステークホルダーと会社はつねに一体でなければなりません。ステークホルダーとの対話を通じてフィードバックをもらい、新たな学びや気づき、進化のヒントを得ることで成長できます。

2017年からは毎年、ESG説明会を開催しています。ESG説明会を通じ投資家の方々はもちろん、メディアや大学、NPO、NGOの有識者を合わせて300人ほど招き、皆さまのフィードバックからの学びを次の年の活動に生かすよう心がけています。耳の痛いことも言ってもらうことが進化につながりますし、こちらもしっかり説明することで理解を深める機会としています。このような幅広いステークホルダーとの積極的な対話を大事にしています。

——統合レポートにも非財務の目標がわかりやすく書かれており、広範なステークホルダーに向けて発信していると感じます。

統合レポートは会社案内のツールの

ような位置づけです。新卒者のリクルーティングや新規顧客に会社を紹介する際など、社員にとってマルチツールの役割を果たしています。また、通常の決算説明会やIR活動では経営陣が会社の業績などを説明しますが、最近は有価証券報告書もサステナビリティ情報が充実しています。

一方、統合レポートが付加価値を出せるとしたら、有価証券報告書などに書かれていることが実際にどう進められているのかというリアルな状況をお知らせすることです。そのため、統合レポートはなるべく現場の社員やお取引先様に登場してもらい、現場での取り組みを紹介できるよう工夫を凝らしています。

企業価値の創出に直結するサステナビリティ経営

——サステナビリティ経営に取り組んできた中、社内ではどのような変化が生まれましたか。

「TOGA」の効果もあり、社員が自分の仕事と社会のサステナビリティをつなげて考えられる正のループが生まれました。サステナビリティの取り組みが日々の仕事に直結する構造が出来上がったことは大きいですね。サステナビリティの取り組みは本業と別のものではなく、経営計画の中に織り込まれています。すべての事業の枠組みは社会課題を解決することを前提につくられており、あらゆる職場と一人ひとりの社員に落ちてくることで皆が自分の仕事と社会課題をつなげて考

えられるようになりました。さらに、それが売り上げという形で成長のドライバーになっていることも好ましい状況だと思います。

——サステナビリティの取り組みはCDP、FTSEといった国際的な評価機関からも高評価を得ていますね。

取引先との関係を継続し、競争優位を手繰り寄せるためにも、サステナビリティの取り組みは非常に重要です。そのうえでサステナビリティ情報の開示基準はグローバルな枠組みで統一されようとしており、有価証券報告書を含めた日本企業の取り組みが進んでいます。

そのような動きの中ではバリューチェーン全体の動きもスコープされているので、この先4、5年は試行錯誤、切磋琢磨しながら社会全体で開示レベルを上げる取り組みが続くでしょう。

また、一般的な企業はサステナビリティ部門が統合レポートと評価機関の対応を兼務していますが、オムロンの統合レポートは広報部門が対応しています。サステナビリティ部門はインデックス対応、IR部門は株主総会や本決算、海外IRの対応に力を割く仕組みです。そうして分散させることで3つの部門を成り立たせ、組織の疲弊を防いでいます。

——サステナビリティ経営の継続に向けた社内課題があればお聞かせください。

大きく3つあります。1つ目はバリューチェーン全体で責任を負っていくうえで、取引先やサプライヤーなどのパートナーを巻き込むリーダーシップが求められるということです。

2つ目は、財務と非財務のコネクティビティ。将来のキャッシュフローを生み出す資本市場のメカニズムの中でオポチュニティになるかリスクになるか、第三者の保証に耐えられる形でより定量的に示せるようになることが求められるでしょう。

3つ目は社内です。サステナビリティの取り組みを自分ごと化する必要性は理解していても、そのための投資が必要になったり何かを変えたりしなければならない場合は心理的なハードルが高まるケースが多いと言えます。

短期的な業績目標の達成と長い時間軸で捉えるべきサステナビリティの取り組みのバランスを、それぞれの職場や事業が納得する形でいかに取っていくかということが次の課題です。

——サステナビリティ経営の社内浸透には、目的とエネルギーが大切だと感じました。企業理念の本質を社内に浸透させることの難しさを感じている企業が多いと思われる中、もっとも大切なことは何だとお考えでしょうか。

オムロンの場合はトップ自らがサステナビリティへの取り組みを経営課題としてコミットし、全社で動かすことに協力・関与していることがいちばん大きいと思います。サステナビリティや広報・IRが危機管理的な部門に位置づけられていた時代は、コストセンターという捉え方でよかったかもしれません。しかし、この10年間を見ると明確な形でプロフィットセンターに変わってきていると思います。

サステナビリティの取り組みでリーダーシップを取る、あるいは広報・IRを通じてステークホルダーとの対話を強化することはいまや企業価値の創出に直結する重要な要素です。トップが、広報・IR・サステナビリティ部門に対して、将来の企業価値につながるプロフィットセンターとして位置づけることが、いちばん大事なマインドセットではないかと思います。

詰め替えパウチ化と中身の濃縮化でプラスチックを8割削減

——2022年5月に「循環し続けるプラスチック利用」の実現を目指した「プラスチック環境宣言」を公表されました。循環し続けるプラスチック利用は資源循環型社会実現に向けたきわめて重要な取り組みだと考えます。どのように取り組まれていますか。

中川 まず私たちのサステナビリティの重要課題は13項目ありますが、そのうち地球環境と生活習慣の2つが大きなテーマとなっています。

地球環境の長期目標として私たちは「LION Eco Challenge 2050」を掲げ、2050年の脱炭素社会の実現において

はカーボンネガティブ、資源循環型社会の実現では循環し続けるプラスチック利用を到達点にしています。そしてその途中の2030年までには石化由来のプラスチックの使用比率を70%以下に削減することを目指しています。

この目標達成のためにライオングループとして2022年5月に公表したのが「プラスチック環境宣言」です。この宣言は単にお客様に提供するよりいいものをつくるだけでなく、つくったものを自分たちの事業の中にもう一度戻していくことを宣言しており、5つの軸からできています。

1つ目が原材料の削減とサステナブル素材の活用。2つ目が資源循環を支えるための包装・回収・再生技術

の研究開発。3つ目はすべてのステークホルダーとの対話と協業。これはたとえばいまのごみ回収について、自治体がどう考えており、私たちがどんな貢献ができるのかなどの議論を進めていくこと。4つ目は高度な資源循環型社会の実現に向けて、私たちにとって特別な存在である生活者に新しい行動様式を促したり、社会貢献活動などの協働に取り組むこと。そして5つ目が情報開示。サステナビリティ活動は当然一生懸命続けますが、それだけでは事業として成り立たない面もありますので、きちんと情報公開して企業評価につなげ、幅広い協力を得る必要があると考えています。

まず原材料の削減では、洗剤の包

■ プラスチックリサイクル

循環し続けるプラスチック利用のために
よりよい習慣づくりで
生活と地球環境を変える

洗剤やハミガキなど、生活に密着した商品を100年以上世に送り出してきたライオン。

同社グループでは事業に欠かせないプラスチックについて「プラスチック環境宣言」を公表。

事業で使用するプラスチック資源を削減するだけでなく、使用後のプラスチック資源を回収・再生し、

再び同社グループで活用する「循環し続けるプラスチック利用」の実現を目指す。

［聞き手］平川 雅宏　一般社団法人日本能率協会 審査登録センター　　　Photo: Takashi Yamade　Text: Satoru Sato

小和田 みどり

ライオン株式会社 サステナビリティ推進部 部長*

中川 敦仁

ライオン株式会社 サステナビリティ推進部

材を、詰め替えパウチ化と中身の濃縮化で減らしています。現在、国内の事業の包装関連で使われるプラスチック量は1万㌧余です。仮にこれを全量、濃縮せずにボトルとして販売した場合、どのくらいプラスチックが必要だったかを計算すると2022年次で約7万㌧弱。つまり濃縮化や詰め替え販売で製品全体のプラスチック使用量を約80％減らしてきたのです（**図表1**）。これはライオンだけではなく、日用品業界の多くの企業が似た構造となっています。

現在国内のグループ企業の製品・包装のプラスチックの使用量は年間約1.8万㌧ぐらいですが、売上高原単位でも量は減っています。

またこれまでは海外での実態把握が不十分でしたので、グローバル企業としてグループ内で詰め替え販売率を50％以上にしようという目標を立て、

22年から23年にかけてライオングループ全体で軟包装比率を調べました。軟包装としたのはアジアではボトルがなく、軟包装商品しか販売してい

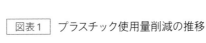

図表1　プラスチック使用量削減の推移

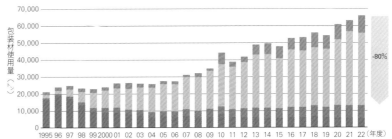

濃縮と詰め替えパウチの利用という技術革新で8割のプラスチック削減をしている

ないケースが多いためです。結果、50％よりはるかに高い値が出ました。そこでいま内容を精査して目標を切り替えていこうと取り組んでいます。

国内外大手4社で日用品容器循環技術の開発に挑戦

一方リサイクルについては「詰め替えパウチ」「ボトル」「ハブラシ」の3つで事業から事業へ循環し続けるプラスチック利用を目指したプログラムを展開しています。

詰め替えパウチは、花王と一緒に「リサイクリエーション」活動としてイトーヨーカドーの曳舟店とウエルシア薬局の30拠点で回収しています。また、神戸市では同市の呼びかけに応じる形で、日用品メーカー12社と、ダ

イエー、光洋、ウエルシア薬局、コープこうべの流通4社で市内75店舗と公共施設4ヵ所で回収し、水平リサイクルにチャレンジしています。

またボトルついては、当社と花王、ユニリーバ・ジャパン、P＆Gジャパンの4社共同で、東京都の「令和3年度 革新的技術・ビジネスモデル推進プロジェクト」の選定と環境省の「プラスチックの資源循環に関する先進的モデル形成支援事業」の採択を受けた「みんなでボトルリサイクルプロジェクト（以下4社プロジェクト）」を展開しています（**図表2**）。日用品の容器の資源循環を目指す実証実験で、都内の東大和市、狛江市、国立市と茨城県の常総市でボトルを回収して再生技術の開発を進めています。

ハブラシは2つの方向性がありま

す。一つはテラサイクルジャパンと組んで現在1000ヵ所以上の拠点で、もう一つはタカプラリサイクルと組んで墨田区、板橋区、台東区で、当社以外のハブラシも回収して、それを地場の企業の協力の下、回収に協力していただいた皆さんへの返礼品としての定規や社員食堂で使うトレーなどにしています。ただし、さまざまなハードルが高く、まだハブラシにリサイクルするまでには至っていません。

――実にさまざまな取り組みをされているのですね。

中川 いずれもまだPoC（概念実証）のものですが、ライオンとしてはリサイクルの輪を回していくために、3方向で全体システムの改善を考えています。プロセスに対してのインプットとアウトプット、そしてほかの人のプロセスに対して、われわれが何かしらの改善へ協力する方向です。

インプットとしてはまず「再生プラスチック」の使用量を増やすこと。再生ポリエチレンを使ったボトルやパウチを使っていますが、現状入手しづらいこともあって、数量限定や時期限定になっています。また植物由来の「バイオマスプラスチック」の使用も積極的に進めています。

アウトプットとしては、製品をリサイクルしやすいものにしていくこと。先の詰め替えパウチはプラスチックを大幅に削減していますが、一方でリサイクルしにくいという難点があります。さまざまな内容物を保護する必要から多くの材料が積層しているためで

図表2　回収からリサイクルまでのスキーム

回収
回収対象：日用品のプラスチック容器回収ボックスで日用品の空き容器を回収（ご家庭で洗浄・乾燥後）

収集・運送
回収ボックスより収集リサイクル工場への運送

ボトルからボトルへ

メーカー
再生プラスチックを使ったボトルへのリサイクル企業・業界の枠を超えた持続可能なリサイクルの仕組みと技術の検証

リサイクル工場
リサイクル工場で分別・裁断・洗浄・再生プラスチックへ加工

ライオン、花王、P＆G、ユニリーバ・ジャパン、4社合同のボトルのリサイクルスキーム

「トップ スーパー NANOX ニオイ専用 つめか
え用超特大」詰め替えパウチ。パウチは工場
廃棄物由来の再生材料を 9%、一般回収品
由来の再生材料を 1%使用、花王と共同開
発し、2023 年「日本パッケージングコンテス
ト」で公益財団法人日本包装技術協会会長
賞を受賞した

す。標準的なパウチでも、0.15 ミリメー
トルから 0.2 ミリメートルぐらいの厚み
の中に 6 層程度重なっているのです。

この難点に対しては花王と技術開
発を進め、2022 年 5 月に回収した詰
め替えパウチ由来の再生プラスチック
を使った商品を花王とほぼ同時に上
市しました。「トップスーパー NANOX
ニオイ専用 つめかえ用超特大」がそ
れです。このパッケージでは工場廃棄
物由来の再生材料を 9%、生活者の
皆様からの回収品由来の再生材料を
1%使用しており、2023 年「日本パッ
ケージングコンテスト」で日本包装技
術協会会長賞をいただきました。さ
らに「ジャパンスター賞」、「アジアス
ター賞」という世界レベルの表彰もい
ただいています。

いま日用品メーカー各社は、パウチ

からパウチへの水平リサイクルを志向
しています。水平リサイクルはマテリア
ルバランスが取れ、リサイクル品質を
高くすることができて、需要と供給が
合う理想的なリサイクルです。ただ実
証でわかってきたことは、水平リサイ
クルのための単品目回収は非常に輸
送効率が悪いということ。パウチだけ
で集めてもトラックをいっぱいにでき
ない。ウエルシア薬局の回収では、ハ
マキョウレックスの協力で納品の帰り
便を使っているので効率がいいので
すが、この方法をすべての取り組みで
実現できるものではありません。物流
業界では効率化を求めて 3PL などの
取り組みや、賃上げの動きもあって、
協力体制を形成していくには時間が
かかると考えています。

量が少なくてリサイクルがしづらい製品を水平リサイクルするために

中川　環境省と東京都で採択された実
証実験の中では、われわれが目指せる
リサイクルパターンを整理してみたのです
が、大きく 6 通りあることがわかりました。

そのうち水平リサイクルは、特定の
事業者が特定の場所で特定のものだ
けを集める仕組みが有利で、いちば
ん成功しているのはペットボトル。圧倒
的な物量があり、ほぼモノマテリアル
の容器です。対していちばんリサイクル
しにくいのが、一般的なごみ回収ルー
トです。自治体が混合物として回収す
るので、リサイクルするとどうしても品
質が下がります。ただし、精査は必要
ですがこうした回収ルートは回収コス

ト効率が高いと考えられます。逆に、
現状回収コスト効率が低いのが特定
業者の特定場所回収。この回収コスト
効率に注目した改善検討が必要です。

その中でパウチやボトルのような"量
が少なくてリサイクルしづらい製品"の
場合がどうなるかを、4 社プロジェクト
で検証しているのが現在地です。

リサイクルについてはさまざまなプ
レーヤーが関与する必要があります。
プロセスとその課題を整理し、自分の
プロセスを自分で解決するだけでな
く、他のプレーヤーの課題解決に貢
献できるポイントを明らかにできるよ
う、技術と知見を集めています。

やってみてわかったのは、メーカー
だけの力では社会システムとしてのリ
サイクルインフラを構築できないという
こと。だからといってわれわれに「や
らないという選択はない」ということも
強く感じています。

リサイクルインフラを構築・運用する
には、このインフラにかかわるすべての
主体が、適正な利益や便益を得られ
るようにすることが重要です。そのため
には投資も必要になるでしょう。どうす
れば投資できるようになるかを、各主
体がお互いに突き合わせて、適切な将
来像となる「グランドデザイン」を描い
てみることも必要だと思っています。

そのうえで、まず始められる人や組
織が始める。そして始めた人を支援で
きるようにする。われわれの学びを組
み合わせて、多様な主体と一緒に最
終的なゴールを目指さなければならな
いと考えています。そのために 4 社プ
ロジェクトでは、PoC で学んだことをま

とめて提言書として公表する予定です。

サステナビリティの行動を
管理職が積極的に実践

――日本はペットボトルやアルミ缶など、リサイクルでは先進的なイメージもありますが、プラスチックとなると各企業によって製法やルートが違ったりするため、リサイクルが難しいことがわかりました。難しいにもかかわらず、「やめることはなし」と信念をもって挑む姿勢がすばらしいと思いました。展開にあたっては社内での対話や調整、また競合他社や自治体などとの連携は大変だったのではないでしょうか。

中川 競合他社との連携について、難しく感じたことはあまりありません。各社とも、おおむね向いている方向が同じなので、齟齬を感じたことはありません。むしろ、刺激を受けたり参考にさせてもらったりすることが多くあります。定期的なオンライン会議によって、むしろ現場の一体感が高まっていきました。

小和田 社外以上に社内の浸透を高めるために、さまざまなメニューを実施しました。循環するプラスチックのためには再エネや再プラなどサステナビリティに配慮した原材料が必要で、コスト増が課題になります。そのため、いかにサステナビリティの考え方・行動を社内の各レイヤーの中に落とし込むかが重要になると考えました。私は2020年にサステナビリティ推進部に来ましたが、正直当時はそれほど社内の意識は高くはありませんでした。でも幸い当社の経営層のサステナビリ

ティへの理解が非常に早く、外部から実務担当の有識者の方を呼んで勉強会をしたところ一気に発想が変わり、そこからトップダウンで次年度からの中期計画の中核にサステナビリティ重要課題の解決が登用され、社員の意識づけをすることができました。

ところが突然のサステナビリティに戸惑う社員が多いことに気がつきました。そこで私たちは、社内の全部署の部会に参加させてもらい、「なぜいまサステナビリティに注力しなければならないのか?」「当社が取り組むサステナビリティとは何?」といった説明をしました。ちょうどコロナ禍でオンライン会議が広まったことが幸いし、全部署に説明することができたのです。

そのときの印象は、とくに若い層からの反応がよく、「こういった話をもっと早く聞きたかった」という声が各部署で聞かれました。一方、部署長・管理職の行動変化は鈍いものでした。サステナビリティの取り組みを、どのように自部署に落とし込めばよいのかわからないという悩みがあったためです。

そこで次に部署長だけを集め、課題を自部署に落とし込むワークショップ形式の研修も行いました。また管理職については自分の目標管理シートに、自分の目標とサステナビリティの貢献をひもづけて書き込むフォーマットを導入しました。ほかにもレター形式で「こんな活動もサステナビリティだ」というような事例を発信しているほか、統合レポートやSDGsブック、ブログなどでも発信を続けています。

その結果、各レイヤーで自分ごと化

が進み、自分の業務とサステナビリティの行動をひもづけて目標としている管理職は94%に達しました。パーパスである「より良い習慣づくりで、人々の毎日に貢献する(ReDesign)」が浸透し、全体の生産性が向上している実態が現れています。コロナの時期には「何のために働いてるのか」「自分は役に立ってるのか」と悩む社員が増えましたが、こうしたパーパスの実践、サステナビリティ活動を通じて、誇りを持ち直している印象を受けています。

調査ではパーパスの実践に誇りを持って働いている社員が約8割おり、この比率をさらに上げようと取り組んでいます。

また当社では、「おくちからだプロジェクト」という、子ども食堂をハブに食後の歯磨きを習慣化するボランティア活動を行っていますが、一度参加した社員の再参加希望者は8割に達しています。理由としては、この活動がパーパスを実感する機会になっていることや、直接生活者と触れ合うことで役割を実感していることが大きいようです。

すすぎ1回の日本製洗剤を使え
ば世界のCO$_2$は大きく減らせる

――パーパスである「より良い習慣づくりで、人々の毎日に貢献する(ReDesign)」の実践が社員の意識と行動を変えてきたのですね。脱炭素社会・循環社会をつくり上げていくうえでは、習慣化が極めて重要なカギを握っているのだと改めて知りました。

中川 いくら私たちが仕組みをつくって

も、最後はやっぱり生活者の方がカギを握っていて、LCA（ライフサイクルアセスメント）全体のCO_2排出量の約64%が生活者の使用シーン由来なんです。リサイクルにおいても、生活者一人ひとりがルールを理解して回収に協力してくださることが必要です。

小和田　私たちはより良い習慣を生活者と一緒につくっていくことが目標到達のカギを握っていると考えています。社会課題の解決と事業の成長の両立については事例があります。1969年時には1日2回以上歯磨きをする人は20%もいなかったのですが、いまは8割を超えています。2回以上磨く比率が約4倍に増えるとともに、小学生の虫歯の比率が約4分の1に減ったのです。そして歯磨き回数の増加だけでなく、フロスを使う、デンタルリンスを使うといった周辺商材の使用も増え、歯磨きの市場規模が約4倍になりました。良い習慣が心と体のヘルスケア、社会課題の解決につながるだけでなく、事業や市場拡大に直結することがわかったのです。

　ただ習慣はややもすると強いられてやる印象があります。そこを私たちは3つのE、「Effective」（性能・期待を超える効果）、「Emotional」（前向きな気持ち）、「Ethical」（社会や地球全体へのいい効果）を大事な要素として、自ら進んでやる「Positive Habits」にしていこうと取り組んでいます。

——子ども食堂は貴社の事業領域ではない気もしますが、こちらも良き習慣を広げる貴社のパーパスとして取り組んでいるのでしょうか。

小和田　ライオンは80年続く歯磨き大会や広告などさまざまな取り組みを通じて歯磨きの歴史をつくってきた企業。そして教育や社会の理解が進んだ結果、12歳の永久歯の虫歯の率がいまや0.63本、1本に満たない状態になりました。でも私たちの調査では、最近の小学生には歯磨き習慣がないお子さんもいることがわかりました。5本以上虫歯がある子どもは経済困窮家庭に多いという報告もあります。また認知症や心臓病、糖尿病が歯周病とリンクし、定期的に歯科健診を受けているか否かで医療費が変わることがわかっています。生活環境や情報、経済的な理由などからオーラルケアに格差があり、それが健康格差につながる要因になっていることがわかりました。私たちはこうした問題に対して誰も取り残さない「インクルーシブ・オーラルケア」をサステナビリティ活動の一環として展開しています。子ども食堂の「おくちからだプロジェクト」もその一つです。取り組んでまだ短いですが、結果として12年間歯磨きゼロだった子どもが歯磨きするようになったり、自己肯定感が上がったなどの効果が出てきています。

——貴社らしいすばらしい取り組みだと思います。

小和田　日本には日本由来のサステナビリティ文化があると考えています。古くは「お下がり」とか「おすそ分け」、詰め替え文化もそうです。洗濯で言えば、いまは技術が進み、日本のほとんどの洗剤が1回のすすぎで十分な性能になっています。すすぎを1回にするだけでCO_2の削減になります。日本国民全員がすすぎ1回にすれば大きなCO_2削減の行動になります。その話を「COP 28」で当社担当役員よりさせていただきました。今後も日本のいいところをアピールし、世界中の習慣にしていきたいと考えています。🔴

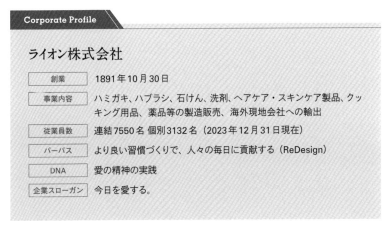

Corporate Profile

ライオン株式会社

創業	1891年10月30日
事業内容	ハミガキ、ハブラシ、石けん、洗剤、ヘアケア・スキンケア製品、クッキング用品、薬品等の製造販売、海外現地会社への輸出
従業員数	連結7550名 個別3132名（2023年12月31日現在）
パーパス	より良い習慣づくりで、人々の毎日に貢献する（ReDesign）
DNA	愛の精神の実践
企業スローガン	今日を愛する。

＊肩書は取材当時

SUSTAINABILITY
MANAGEMENT

Chapter
3 - 4

資源循環型社会実現

ESGは「仕事そのもの」
サステナブルな社会の実現とグループの持続的成長を両立

欧米各国のサステナビリティ格付け機関などから高い評価を受け続ける積水化学工業。

創業以来、「社会課題解決に資するイノベーティブな製品とサービス」を世の中に送り出してきた。

ESG経営を経営戦略の中心に置き、その高い技術力でサステナブルな社会の実現に挑み続けている。

[聞き手] 平川 雅宏 一般社団法人日本能率協会 審査登録センター　　　Photo: Takashi Oguchi　Text: Satoru Sato

上脇 太

積水化学工業株式会社 代表取締役 専務執行役員 経営戦略部長
兼 ESG経営推進部 デジタル変革推進部 新事業開発部担当

3S精神をもって社会課題解決に挑んできた

――貴社は欧米各国のサステナビリティ格付け機関から高い評価を得ています。貴社の経営におけるサステナビリティの考え方について教えていただけますか。

当社は1947年の創業以来、社会的価値を創造する「Service」、市場を変革する「Speed」、際立つ技術と品質の「Superiority」の3S精神をもって、多様な社会課題解決に貢献してきました。創業以来、社会課題を解決する製品開発に取り組んできたDNAを受け継いでおり、1999年から「環境」を事業の中心に据えた環境経営をスタート。2005年にはCSR経営（環境、CS品質、人材の際立ち）、2020年からはESG経営へと進化させました。

環境や社会の課題をより戦略的に捉え、持続可能な社会と企業の持続的成長の両立を目指し、ESG経営を経営の中心に置いています。「ESGは仕事そのもの」であり、ESGによって持続的な成長と高収益を実現する「攻めのESG経営」の発想です。

――その中でもっとも注力している施策は何でしょうか。

ESG経営の推進でもっとも注力しているのが、「サステナビリティ貢献製品」の売り上げの持続的拡大です。社会課題解決と企業成長の牽引を両立させ、サステナビリティと経営戦略の一体化の源になっています。

サステナビリティ貢献製品は、2006年に制定した「環境貢献製品」の認定制度が始まりです。その後2017年に自然環境に加え、社会環境における課題解決に寄与する製品に対象を拡大させました。

2020年、製品・事業が社会課題解決を持続していけるように持続性評価等を導入し製品認定制度を進化させ、さらに23年からは製品が環境課題にネガティブなインパクトを及ぼしていないか、及ぼさないようにどのような策を検討しているかを確認するような評価を実施しています。

われわれはつねにこの制度を育て

ていますが、独りよがりの制度にならないように、産官学のさまざまなバックグラウンドを持つ社外有識者と対話をしながら、基準の透明性や登録の信頼性を担保しています。

■ サステナビリティ貢献製品を2030年度には80%以上に

——サステナビリティ貢献製品制度はどのように活用されていますか。

創出と拡大の2軸で考えています。すなわち新製品開発の促進と売上高比率向上の推進です。

社会課題解決に貢献する製品や事業以外は淘汰されていく可能性があります。そのため新製品開発のコンセプト設計の段階から「社会課題解決への貢献に資するか」というサステナビリティ貢献製品の要素・視点でレビューしながら新製品の開発、創出を促進していくことが大きなポイントだと思っています。

サステナビリティ貢献製品の拡大を通じて当社が成長していくという姿勢は、制度の設立当初から変わっていません。

サステナビリティ貢献製品の売上高比率は2022年度段階で73.1%に達し、社会課題解決による業容拡大へのシフトが着実に加速していることを示しています。今後さらに推進して、2030年度には80%以上に伸ばしてい

く目標を掲げています。

——具体的な事例としてはどのような製品があるのでしょうか。

代表的な製品としては「セキスイハイムブランド」の「住宅」、自動車の窓ガラスの衝突時の飛散防止に使われる「中間膜」、下水を止めることなく下水管の更生ができる「SPR工法」などがあります。

セキスイハイムは、当初から高度工業化による高い品質と、地震に対する圧倒的な強さでお客様の命や財産を守ってきました。その後、太陽光発電や蓄電池の搭載など、エネルギーの自給自足化によって、顧客の光熱

サステナビリティ貢献製品の事例

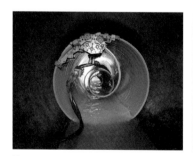

「SPR—NX工法」

セキスイハイムの「ZEH仕様住宅」

高機能中間膜を活用したヘッドアップディスプレイ

病気の早期発見に貢献する「検査試薬」

「軽く、フレキシブル」であることから、耐荷重の小さい屋根やビルなどの外壁、電柱の曲面などさまざまな場所に設置可能な「ペロブスカイト太陽電池」

費削減や社会の再エネ利用促進、そして激甚化している自然災害の際のエネルギー確保など、環境・レジリエンス分野の課題解決に貢献するようになっています。

また、環境・ライフライン分野では、豪雨被害が激甚化する中で、地中に雨水を貯留して洪水を防ぐ雨水貯留設備などを提供してきましたが、これらエネルギー自給自足型住宅や雨水貯留設備など、災害に強い当社グループの技術・製品を結集したまちづくり事業に発展しています。

中間膜は、自動車のガラスの飛散防止による安全性や、遮熱・遮音性能の付与によって利用するエネルギーの削減などに貢献してきました。さらにガラスに必要な情報を映し出すことでドライバーの視線移動をなくし、安全性を大幅に向上させるヘッド・アップ・ディスプレイ向け中間膜の採用がいま、拡大しています。

インフラのSPR工法は、下水管の老朽化という社会課題に対して生み出されたものです。道路を掘らず下水を流したまま下水管の更生施工ができるので、工事もシンプルにできて周辺の交通への影響も少なく、廃棄物も大幅に削減できる環境にもやさしい工法です。また耐震性や耐久性に優れた管路にリニューアルすることで、管路の老朽化問題にも対応しています。

これらの製品は、得意な技術を生かし、市場の動向を的確に捉え、社会課題の解決に向けて当社グループにしかできない質の高いソリューション（当社グループにおけるイノベーショ

ン）により生まれています。

ごみを丸ごと
エタノールに変換する

——とくにサステナブルな社会を実現していくための環境課題における役割は意識されていますか。

2050年に"生物多様性が保全された地球"にすること。そのためには「気候変動課題への対応」、「資源循環の実現」、「水リスクの低減」の3つが大事だと考えて取り組んでおり、事業に直結したものになっています。

当社グループは住宅事業を持つからこそ、暮らしにおけるCO_2排出や気候変動は重要課題であり、プラスチックを事業とするからこそ、廃プラスチックや資源循環は重要課題だと考えています。また、インフラ事業を持つからこそ、解決にも寄与できる水リスクは重要課題と捉えています。

共通するのは、製品を通じたこれらの課題解決の積み重ねです。

住宅事業においては、再生可能エネルギーを創出するソーラーパネル搭載の「おひさまハイム」をいち早く販売開始し、その累積棟数は他社を大きく上回っています。現在は、販売する住宅のZEH（ネット・ゼロ・エネルギー・ハウス）比率を向上させていくことに注力しています。

資源循環においては、ケミカルリサイクルやマテリアルリサイクルなどの再資源化に取り組んでいます。その究極の解決策が微生物の力で"ごみ"を丸ごと"エタノール"に変換するバイオ

リファイナリー事業です。バイオリファイナリーの名称のとおり、生物多様性に配慮して事業を行うだけでなく、生物多様性からの恩恵もいただいて、この画期的な技術を確立しています。

水リスクについても、水の供給・貯水・排水などの水インフラに関する事業を展開しています。水処理システムや下水管などの排水の質の向上に寄与する技術や製品だけでなく、豪雨対策製品などの強靭で災害に強い水インフラを構築することで社会に貢献しています。

革新的な技術も生まれています。カーボンニュートラルの実現に向けて大きな期待を受けているのが、フィルム型ペロブスカイト太陽電池です。従来のシリコン系太陽電池は、重量や形状から平坦で広大な土地や耐荷重の大きい建物の屋根などに設置場所が限られていましたが、この新しい太陽電池は「軽く、フレキシブル」である特長から、耐荷重の小さい屋根やビルなどの外壁、電柱などの曲面といったさまざまな場所に設置可能で、設置面積の大幅な増加につなげることができます。再生可能エネルギーの普及を拡大させ、カーボンニュートラルの実現に貢献できる電池です。

——すばらしい技術ばかりです。とくに非化石燃料のバイオリファイナリーは革新的です。取り組み始めたきっかけと背景、また実現にはどのようなハードルがあり、克服されていったのかを教えていただけますか。

創業以来、当社はプラスチック（樹脂）を加工、高付加価値化してお客様に提

供することを生業としてきました。

そのような樹脂加工メーカーである当社は、石油等の資源枯渇問題が起きた際、石油由来の原材料が入手困難になり、事業継続が難しくなるかもしれないという危機感を持っていました。資源枯渇問題は一企業の課題ではなく、社会全体の課題であり、その課題を解決するために、石油由来以外の原材料で樹脂をつくれないかと考え、さまざまな検討を経て、可燃ごみを原料（資源）としてエタノールをつくることができれば、既存技術を用いて樹脂（ポリエチレン等）が生み出せるということに至りました。

可燃ごみからエタノールをつくるための技術を独自開発企画だけでなく、世界中から探索を行い、ガス（一酸化炭素と水素）からエタノールを効率よくつくる微生物技術があることを見いだしました。それが現在共同開発を進めているLanzaTech（ランザ・テック）社です。

ラボでの研究開発を経て、実際の可燃ごみからガス（一酸化炭素と水素）を得るために、オリックス資源循環株式会社の協力を得て、同社寄居工場内に商用の1/1000サイズのパイロットプラントを建設。可燃ごみを処理するガス化改質施設からガス供給を受けて、LanzaTech社の微生物を用いたエタノールの生産試験を開始しました。

ただ実際に生産試験を開始すると、雑多な可燃ごみから発生するガスにはさまざまな不純物が混入しており、その影響で微生物が死滅することを数多く（数百回）経験してきました。その経験で蓄積された、微生物に影

響がないレベル（極限まで不純物を除去することなく）でのガス精製技術が当社の独自技術です。

商用の1/1000サイズのプラントでの試験を経て、商用化を見据えた1/10サイズの実証プラント建設の検討を開始し、プラント建設にご協力いただける自治体の中から、立地条件、可燃ごみの供給の調整等のハードルを越えて、最終的に積極的に誘致、ご協力いただいた岩手県久慈市に決定しました。

実証プラントの建設、運営に関しても技術的な課題、気象条件、とりわけ北東北ならではの冬期対応などを克服しながら実証を進めているところです。

――今後のスケジュールはどのようになっていくのでしょうか。

現在、久慈市において実証プラントの運転を開始しており、さまざまな企業と連携して早期商用化に向けた検討を進めているところです。

その中では資生堂、住友化学とのプラスチック製化粧品容器の新たな循環モデル構築に向けた取り組みがあり、具体的な活動を展開していきたいと考えております。さらにこのバイオリファイナリー技術の当社独自ブランドである「UNISON®」を用いて、当社の目指す資源循環型社会の実現に共感いただけるパートナーを募っていきたいと考えています。

――この画期的な技術が社会実装化されていくと、日本社会、世界はどのように変化していくのでしょうか。

資源循環型社会を実現する最後のピースになるのではと考えています。

世の中ではさまざまなリサイクル技術がすでに実用化されていますが、複合樹脂や洗浄しきれないものなど、現在はサーマルリサイクルとしなければならないものや、リサイクル回数に限界（製品劣化が生じるもの）を持つものなど、現時点では残念ながらどうしてもリサイクルできないものがあります。この技術はこうした可燃ごみをガス化して、微生物でエタノールに変換するものです。

通常の工業用エタノールと同様なので、そこから得られる樹脂（ポリエチレン等）は新品であり、何度でも新品から新品に生まれ変わらせることが可能となります。

この技術が社会実装されていくと、われわれの生活の中でさまざまなリサイクル技術と組み合わせることで、本当の意味での資源循環型社会を実現することができると考えています。また、このエタノールを資源循環だけでなく、SAF（Sustainable Aviation Fuel：持続可能な航空燃料）への適用の可能性も検討しています。

■ 磨きあげた「加工」と ■ ニーズの「先取り変革」

――貴社はなぜそのような「サステナブルな社会の実現」に資する製品が次々と生まれるのでしょうか。

お客様の要望に対して最適な原料を選択し、付加価値の高いソリューションを提供する「加工」と、社会課題

の解決ニーズを先んじて捉える「先取り変革」、この2つの強みを中心としたビジネスモデルを展開しているからだと考えます。

ほかにも、強化・進出すべき領域を示す羅針盤としての「戦略領域マップ」の策定があると思います。

つねに強化領域を拡大するため、ポートフォリオマネジメントを強化し、成長を図っていく。そして、革新領域では、戦略的仕込みを具体化し、新事業の育成、獲得を目指す。これらの領域を拡大するため、全社融合、オープンイノベーションを推進しています。

社会課題は複雑化し、当社単独で解決できることも限られてきます。オープンイノベーションを強く推し進め、さまざまなステークホルダーとともに社会課題に向き合い、当社グループの強みを生かしてソリューションを提案し続けていきたいと考えています。

——まさにサステナビリティ経営がイノベーションを起こし続けているのだと理解しました。とくにサステナビリティ経営において重視している点があればお聞かせください。

「収益を作る＋未来を創る」の両輪が重要だと考えています。

企業として存続していくうえで収益を上げることは重要ですが、企業経営が短期志向に陥ってしまうと、長期目線での取り組み、持続的なイノベーションを生み出すことができなくなります。

既存事業の成長のみでは持続的な成長は難しいので、イノベーションを生み出し続けていけるような仕組みを整備していくことが重要だと考えています。

そして何よりも大切なのはそういった経営を支え、事業を創出していく人材の育成が重要だと考えています。当社グループでは、人的資本投資への重要性が叫ばれる前から、「従業員は社会からお預かりした貴重な財産」と考え、人材をマテリアリティの一つにしています。長期ビジョンの「業容倍増・貢献量倍増」を実現するためにもっとも重要なのが、「全員が挑戦したくなる活力ある会社の実現」です。

これは「適材適所の実現」と「挑戦する風土の醸成」を中期戦略のテーマに掲げ、「最適人材の発掘と抜擢」、「多様な人材の獲得と定着」、そして「事業を支える挑戦人材の育成」に取り組んでいます。

——改めて一連のサステナビリティ対応の充実を図ることで、得られたことはどのようなことでしょうか。

一つは、サステナビリティ貢献製品を増やすことで、社会課題解決への貢献量増大と収益の増加を同時に推進できていることです。もう一つは、インパクト加重会計を用いたマルチステークホルダー包括利益の算出を行うことで、持続可能な社会と企業の持続的成長に向かって経営できているかの確認、進捗把握に生かしていることです。

サステナビリティ対応を充実させる目的は、利益と社会インパクトを最大化し、企業価値を向上させること。そして経営判断の多角的な尺度を持ち、当社グループの持続可能性を向上させる（経営に生かす）ことだと考えていますが、この目的がより明確化されたと考えています。その目的のために価値の見える化を進めてきました。財務諸表で示しきれない企業価値を明確にすることで、現在の価値だけではなく、将来の価値（ポテンシャル）を示すことができています。

われわれはステークホルダーに対して、ESG経営を軸に今後も企業利益と社会インパクトを両立し、企業価値の向上を示していきたいと考えています。

Corporate Profile

積水化学工業株式会社

創業	1947年3月3日
事業内容	樹脂加工および住宅の製造・販売
従業員数	連結26838名（2023年3月現在）
事業領域	「住・社会のインフラ創造」と「ケミカルソリューション」の領域において、3つのカンパニー（事業体）とメディカル、およびコーポレートで事業を展開
社是	3S精神（Service、Speed、Superiority）

DEIは人的資本経営の基盤

2030年度までにグループ合計で各階層の女性比率を50%に

1960年の創業当時より「価値の源泉は人」という考え方の下、人的資本経営を行ってきたリクルート。
多様な個を生かすDEI（Diversity、Equity、Inclusion：多様性、公平性、包摂性）を、
人的資本経営の基盤であり、価値創造サイクルのエンジンと位置づけ、
2030年度までにグループの合計で役員を含むすべての階層で、
女性比率を50%にするサステナビリティコミットメントを公表、さまざまな施策を推進している。

[聞き手] 上野 文子 一般社団法人日本能率協会 審査登録センター　　Photo: Aiko Suzuki　Text: Satoru Sato

早川 陽子

株式会社リクルート スタッフ統括本部 人事 DEI 推進室 室長

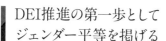

DEI推進の第一歩としてジェンダー平等を掲げる

——貴グループは、経営戦略の柱としてサステナビリティへの取り組みを入れており、2030年度までのコミットメントとして、「バリューチェーン全体でのカーボンニュートラル」、「就業までにかかる時間を半分に短縮」、「雇用市場における障壁に直面する累計3000万人の就業をサポートする」、そして「役員を含むすべての階層で女性比率を50%にする」ことを公表しています。バリューチェーン全体のカーボンニュートラルはすべての企業が取り組むべき課題であり、貴

グループはその取り組みで「JMAQA AWARDS 2023」を受賞されるなど優れた成果を上げていますが、特筆すべきは、すべての階層で女性比率を50%にするというジェンダーパリティ目標です。多様な人材の活躍支援に取り組んでこられたリクルートらしい、他社にはない意欲的な取り組みだと考えます。コミットメント設定の背景と取り組みの進捗について教えてください。

リクルートグループでは、「新しい価値の創造」を目的に、DEI＝Diversity（多様性）、Equity（公平性）、Inclusion（包摂性）を「価値創造サイクル」のエンジンと位置づけサステナブルな事業

成長の実現に取り組んでいます。

2021年に公表した、リクルートグループ経営戦略の3つの柱の一つに、「ステークホルダーとの共栄を通じた持続的な成長」としてサステナビリティを据えました。そのサステナビリティのコミットメントの一つが、ジェンダー平等目標です。グループの合計で、2030年度までに役員を含むすべての階層で女性比率を50%にすることを目指しています。私たち自身の多様性が、社会に提供する価値創造サイクルのエンジンであると考え、DEI推進の第一歩としてジェンダー平等の実現を位置づけました。

リクルートグループは世界中で事業

活動を行っていますが、日本は、社会構造的にもジェンダー平等に向けたハードルがとくに高い国です。私の所属する株式会社リクルートは、2006年にDEI専任組織を発足し、DEI推進に取り組んできた結果、管理職全体（課長級以上、役員を除く）に占める女性比率は、計測を始めた2012年度以来、2023年4月時点で初めて30%を超えました。

　ワーキングマザーの比率は、2006年当時は8.3%でしたが、2023年には29.4%となり、3.5倍（21ポイント増）と高まっています。当社の女性管理職比率は、日本社会全体でみると、高い比率かもしれませんが、ジェンダー平等に向けては、私たち自身の無自覚なバイアスに踏み込んだ取り組みが継続して必要と考えています。

■ 組織ごとのDEI推進計画でボトムアップの推進を加速

　女性管理職の比率が向上した背景としてはいくつかの施策が効いていると思っていますが、大きかったのは、2022年夏に30を超える組織で各現場が主体となって策定した「DEI推進3ヵ年計画」です。

　事業計画と同じように、事業ごとのDEI推進のテーマと定量目標を設定し、その実現のために必要な戦略とアクション計画を立案してもらったのです。リクルートの事業や従業員の職種は多岐にわたるため、事業ごとに課題やその解消に向けたアプローチは異なります。できない理由をなるべく出して、そこに着目しながら課題の設定やその打ち手を考えるということを行った結果、事業の実態に即した取り組みが推進されています。

　リクルートはミドルボトムアップの経営を大切にしてきた会社です。DEI推進においても、トップダウンで進めることはせず、現場主体で進めてもらうことを大切にしました。結果として、現場リーダーの「わがこと化」につながり、取り組みが加速しています。

管理職候補者選定基準を明文化、バイアスを排除

DEI推進室がリードする全社横断施策もあります。とくに、人材マネジメントに知らず知らずのうちに入り込むアンコンシャス・バイアスを知り、それを一つひとつ排除していく取り組みを行っています。

アンコンシャス・バイアスを知ることは、無意識に持っている固定観念をあぶり出して排除していくことなので、なかなか難しいのですが、たとえば計画を実行しようとしても、できないことが起きたりします。そのできない理由を深掘りしていくことでバイアスを解くカギがわかってくることがあります。

バイアス排除における弊社の代表的な取り組みは、「管理職要件の明文化」です。これまでは暗黙知になっていた、管理職候補者を選ぶ議論の基準となる管理職に求める能力や行動を明文化した取り組みとなります。

管理職ポジションごとに期待する職務価値は定義されていましたが、候補者選びの段階では、能力の判定基準が明文化されておらず、能力以外のさまざまなバイアスが入り込んでいたのです。ある人は業績と言ったり、別の人は戦略性と言ったりと基準がそろっていなかったんですね。個人の経験から来るバイアスや、画一的なリーダーシップイメージなどが作用していたことが判明しました。個人のバイアスが入り込まないように、業績や戦略の理解・説明力、計画の策定や推進など項目を整理し、その詳細も明確化しました。

導入した組織では、女性の課長職候補者が平均1.7倍に増えました。さらに、男性の課長職候補者も1.4倍に増え、ジェンダーにかかわらず多様なリーダーが生まれる兆しが出てきています。

——どのようなタイプの男性管理職候補が出てきたのでしょうか。

たとえば異能な集団を束ねる、サーバント型のリーダシップを持った人や、過去に管理職をした人がそのときはポストに力が足りず、管理職を一度ポストオフしてメンバーに戻った後、再任用されたケースなどがあります。

リクルートでは、価値の源泉である

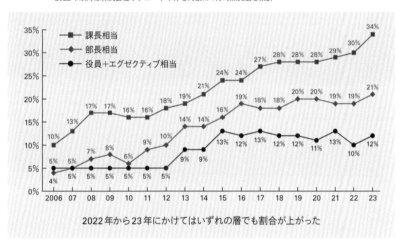

図表1　リクルートの女性管理職比率の変化
2012年まではリクルート単体、2013年以降は国内グループ会社、2022年以降は株式会社リクルート単体を対象に4月時点実績を集計

2022年から23年にかけてはいずれの層でも割合が上がった

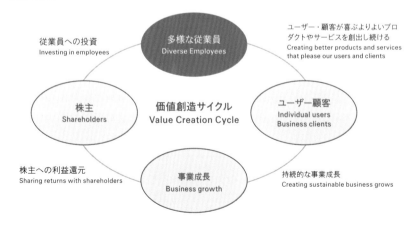

図表2　DEIを成長エンジンとした価値創造サイクル

人を成長させるために、組織全体で人を見立てて育成の機会を提供しています。象徴的な制度は「ミッショングレード制」のほか、取り組みとして「人材開発委員会」が挙げられます。

「ミッショングレード制」は、入社年次や性別、経験にかかわらず、職務に応じてその人の能力に期待値を上乗せしたグレードを設定して、報酬をグレードと成果によって決める制度です。期待値以上の成果があれば、グレードも報酬も上がっていくことになります。「人材開発委員会」は直属の上長だけでなく、他の組織長を交えて、組織を挙げて全従業員一人ひとりの育成方針を検討する場となっています。

これらの制度を通じ、性別、経験にかかわらない人材マネジメントを行ってきましたが、管理職要件明文化によって多様な人材マネジメントがさらに進化しています。

▌メンバーへの声かけを
▌Whatから学ぶ管理職研修

ミドルマネジメント（管理職）を対象に、多様な人材マネジメントの支援にも力を入れています。社長が管理職に対して、経営戦略におけるDEI推進の意義と目的を繰り返し発信しているほか、定期的に外部の識者を呼んだセミナーを開催しています。

管理職向けの中核となる研修が、2015年に開始した「Career Cafe for BOSS」です。女性をはじめとする多様なメンバーの成長を促すマネジメントのコツを学ぶ研修で、開始以来、

手挙げで多くの管理職が参加してきました。2023年度には、在籍する管理職の8割が受講を完了しています。

この研修を受けた管理職からは、「女性メンバーに期待を十分に掛けられていなかった。バイアスがあることを認識した」といった声もあり、メンバーの意欲を引き出すためのコミュニケーションの仕方が、研修を通じ変わっています。リクルートでは「あなたはどうしたい？」という問いかけを大切にしていますが、女性や若い世代では、やりたいと思うことを明確に表明しなかったり、わからない、と明言する人も多くいます。その発言をどのように捉えたらよいか、どのような声かけで内発的動機を引き出すとよいか、といったマネジメントスキルも学ぶ場となっています。

またこの研修では、女性においてはロールモデルが大事であるという話もしています。「あの人はできているけど、私はあんなふうにできない」と思っていても、「自分なりにやってみたら違う形でできた」といった成功体験を積ませることが重要だということも管理職に伝えています。ときには、直属の上長ではない「斜め」の関係の管理職がコミュニケーションをしてみるとよい、といったことを伝えることもあります。

さらに女性従業員に向けては、28歳前後を対象としたキャリア開発研修「Career Cafe 28」や、30代を対象としたキャリア主体性を高める研修「Career Cafe Next Step」も行っています。

女性の場合、どうしても20代後半になると結婚や出産といったライフイ

2015年開始の管理職向け研修「Career Cafe for BOSS」。経営戦略としてのDEI、ジェンダー平等の意識を理解するとともに、多様なメンバーの成長を加速させるマネジメント手法を学ぶ

ベントが頭にちらついてきて、キャリアについてモヤモヤが出てくるんですね。そこで少し前倒しでキャリアの構築方法や不安の解消について学ぶ場を用意しているのです。さらに30代になるともう一段悩みの粒度が変わってきますので、自分の強みを自覚して成長意欲につなげることを学びます。

▌「家族」の多様性に合わせた
▌両立支援

──バイアスを排除していくことで、多様な個性を生かした新しいリーダーが生まれつつあるのですね。ただどうしても女性は育児にかかわる率が高くなると思います。女性管理職比率やワーキングマザー比率が上がっているのは、バイアスの排除だけでなく、育児や介護などとの両立支援の充実があると推察するのですが。

そうですね。もともと、2006年にDEI専任組織を立ち上げたときには、

長時間労働の削減やワーキングマザーの両立支援といった「働きやすさ」の向上に注力してきました。継続的に取り組んできた結果、環境整備が進み、育児と仕事の両立は珍しいことではなくなっています。実際に、ワーキングファザー、ワーキングマザーはともに約3割と、大きな差はありません。

2021年の会社統合時には「出産育児休暇」を新設しました。初回付与時点での末子の年齢と週所定勤務日数に応じて、最大40日付与される有給休暇です。従業員もしくはそのパートナーの妊娠期から、子どもが12歳になる年度の、3月末まで利用可能です。そのため、子どもが小さいときだけでなく、受験を控えたお子さんをサポートするときに取得するなど、柔軟な利用ができます。

男性育休の取得も推進しています。26年度までに、取得意向のあるすべての男性が取得できることを目指しています。

育児中の従業員をつなぐコミュニティもあります。現在約1800人の従業員が、社内チャット上で育児に関する情報交換をしていて、リクルートで最大のコミュニティになっています。

こうした両立支援施策はもとより、就業規則で定めている配偶者やその家族に適用される制度は、市区町村発行のパートナーシップ証明がなくても、同性パートナーにも適用されます。また、両親が法律上親権を持たない同性パートナーで子どもが養子である場合などでも、利用可能です。SOGI（性的志向や性自認）や、多様化する家族の形にあわせて、従業員が柔軟に活用できるようにしています。

介護に関しては、リクルートは現在、20代、30代の従業員が多い会社ですが、今後、介護と仕事を両立する従業員が増えると想定しています。介護と仕事の両立に向けて自社の制度や管理職がすべきことなど、基礎情報を網羅した「介護と仕事両立応援サポートBOOK」を従業員に配布しています。支援制度としては、「ケア休暇」制度があり、年5日、家族のケアの際に使用できる休暇です。介護認定は不要で、介護目的に限らず、ペットの通院などにも適用されます。

ただ、まだ介護に関しては介護リテラシーを高める必要があります。育児は子どもができることが増えて親の手助けが減っていきますが、介護は急にやってきて、その終わりの見通しがつきにくい。平均寿命から健康寿命（介護の必要がない期間）を引いた理論的な数値では10年といわれますが、今後介護は性別に関係なく担っていくことが見えています。仕事と介護の両立を真ん中に置きながら、従業員、管理職の両方がリテラシーを上げていく必要があると考えています。

週休約3日で
自律的な働き方を実現

——多様な個が価値を生み出すという原則を、時代にあわせて広げて実践されているのですね。ほかに働き方などで特徴的なことはありますか。

多様な背景を持つ個人が、創造性を最大限に発揮できるよう、自律的に働き方を選べる環境を提供する仕組みの一つとして、2021年4月からは自分で取得する日を自由に決めることができる取得必須の休日「フレキシブル休日」を導入しました。年15日ほど（※年度により取得日数は変更）あります。介護や育児、リフレッシュなど問わず、取得理由の申請は不要です。年間のお休みは、合計145日（会社休日および年次有給休暇の計画的付与による指定休5日を含む）になりました。週計算で2.8日が休日になるので「週休約3日」と言っています。

お休みする日を個々が自由に決めるため、運用上の工夫としては、たとえば、社外接点がある職種では、担当を2名体制にすることで休みの日のフォローをしあえる環境を整えたり、お休みの日のミーティングを録画で後日キャッチアップできるようにしたりしています。コロナ禍で出社しない前提での働き方になったことや、オンラインツールの進化もあり、工夫しやすかったという側面もあります。

このフレキシブル休日を利用して副業したり、大学に通ったりと新たな学びをする人もいれば、趣味の「推し活」をしたり、リフレッシュとして昼間からビールとゲームを楽しむという方もいて、過ごし方はさまざまです。

一人ひとりに積まれた
エンジンを生かす

——多様な個人を生かすことに資源を集中させていることがよくわかりま

した。それにしてもどうしてこうした多様な取り組みができるのでしょうか。

リクルートは東京大学の学生だった江副浩正が、学生新聞において、大学生向けに人材を採用したい企業の求人広告を掲載したところからスタートしたベンチャー企業です。当初のリクルートのビジネスモデルは、世の中の情報を集めて紙メディアにするというものでした。物質的資産があるわけでもなく、ビジネスモデルも模倣されやすかった。唯一「人」が財産だったとも言えます。

江副と一緒に創業した人物に大沢武志という者がいて、リクルート流の人的資本経営を『心理学的経営』として体系的に書籍化しました。そこに書かれていることは、「人は内発的動機に基づいて行動するときがもっともパフォーマンスが高い」ということなんです。江副も大沢も東京大学で心理学を学んだこともあり、心理学的経営の実践を通じて、多様な個を生かすことを重視してきたんですね。

この考え方は、創業期から経営理念で大切にする価値観、「個の尊重」として受け継がれています。リクルートにとってDEIの推進は、「個の尊重」を体現することそのものでもあると考えています。

──多様な個を生かすということは、企業のサステナビリティ、地域コミュニティのサステナビリティに必須だと思います。けれども能力があり、発揮できる環境が整っても、本人が次のグレードに行くことを望まない人た

ちも多くなっています。

確かに「期待しているよ」と言われても「そんなのいいんです」「自分にはできるかわかりません」という人もいるでしょう。表層で見た進化や、管理職になろうという欲だけで人は仕事をしていないと思います。でも私自身がこの部署に来て思うのは、リクルートという会社は、その人、一人ひとりに積まれたエンジンをとても大切にしている会社だということ。積まれたエンジンの可能性に本人も気づいていないことが多くて、それを引き出すことを非常に重視していると思っています。

エンジンのコアというのはそれぞれ違うわけです。企業はチームで業務を行うことが多いので、ITが得意だったり、金融が得意だったり、男性、女性、あるいは障がいのある人の視点、高齢者の視点など、いろいろな能力や観点で事業を一緒に進めたほう

が、よりよいものが生まれる。そのときにそれぞれのエンジンを生かす支援がDEI推進の考え方だと思います。

DEI推進によって、多様なリーダーが増えていることを実感しています。Equity（公平性）に取り組むことで、Diversity（多様性）が進んでいるということだと思います。これを加速することで、あらゆる人がその力をいかんなく発揮できる、Inclusive（包摂的）な会社になることを目指したいですね。

リクルートホールディングスCEOの出木場久征がよく言っているのは、「同じような考えの人間が集まって意思決定したら間違えるに決まっている」ということ。人間は放っておくと同質化していくものだと思います。だから意識してDEIを進めていく必要があると思います。DEIが、リクルートの人的資本経営を進化させる基盤であり、価値創造のエンジンだと信じています。

Corporate Profile

株式会社リクルート

創業	1960年3月31日
事業内容	販促領域と人材領域で、個人ユーザーと企業のマッチングプラットフォームを運営。また、企業等に対してSaaS型の業務支援ソリューションを提供
従業員数	19836名（2023年4月1日現在／アルバイト・パート含む）
基本理念	私たちは、新しい価値の創造を通じ、社会からの期待に応え、一人ひとりが輝く豊かな世界の実現を目指す。
経営理念	［ビジョン］Follow Your Heart ［ミッション］まだ、ここにない、出会い。 より速く、シンプルに、もっと近くに。 ［バリューズ］新しい価値の創造　個の尊重　社会への貢献

For Earth, For Life
Kubota

温室効果ガス削減

農家の困りごとに向き合い続けるクボタ
J-クレジット活用のメタンガス削減
「中干し延長」をスマート農業で支援

「食料・水・環境」という分野で「命を支えるプラットフォーマー」として、スマート農業を推進しながら、

さまざまな価値を世界に提供しているグローバル企業、クボタ。

同社が取り組んだのは、顧客である農家の水田の中干し延長による、J-クレジットを使ったメタンガス削減という"らしい"展開である。

［聞き手］松本 素之　一般社団法人日本能率協会　地球温暖化対策センター　　Photo: Takashi Yamade　Text: Satoru Sato

利根川 卓也

株式会社クボタ カスタマーソリューション事業部
カスタマーソリューション事業推進部長

習田 勝之

株式会社クボタ 理事
社長室長 兼 KESG 推進部長 兼 秘書広報部長

世界でもっとも貢献する Global Major Brandに

——貴社は農業、そして食料という地球環境と人間に大きな影響力を与える事業を行っており、貴社のサステナブルな活動は地球全体にかかわってくると思います。貴社がサステナビリティや持続可能性を意識した経営に取り組むようになったのはいつ頃からでしょうか。

習田　当社は2010年代からCSR経営にずっと取り組んできましたが、SDGsを提唱して経営方針の中に取り入れたのは2015年からです。

その後2020年に北尾裕一が社長に就任した際、当社がもっとも多くの

お客様から信頼されることによって、もっとも多くの社会貢献をなしうる「Global Major Brand」になっていくために10年間の長期ビジョンとしてつくったのが、「GMB2030」です。

GMB2030では当社の提供価値と2020年以降のメガトレンドが何かを考え、まず4つのメガトレンド、「カーボンニュートラル」「サーキュラーエコノミー」「循環・共有を通じて生産物の限界費用が限りなくゼロとなる社会」「グローバル資本主義だけにこだわらない新たな中小コミュニティ形成」を設定しました。

これらメガトレンドに対しては3つの提供価値、すなわち「生活基盤を支える食料・水・環境ソリューション

の提供」、「持続可能な社会の開発と自然の循環ループの実現」、「種々のコミュニティにおける社会課題解決への貢献」を打ち出しました。

これまで当社は「食料・水・環境」の事業分野において、農業機械や建設機械、水道管、環境関連機器などを提供してきましたが、さらにお客様が何に困っているのかという観点からソリューションを見つけ出し、それをビジネス化してゆく動きを強化していきます。かつそれぞれがシナジーを生み出しながら、その領域を広げられるように取り組んでいます。

そして中長期ビジョンであるGMB2030を実現するために、2021年に発足したのがKESG推進部で

す。中長期からバックキャストして、当社がいま何をすべきかを考えて施策を推進する部署になります。先頭のKはクボタのKで、当社らしいESG経営を意味しています。

――サステナビリティの社内への浸透はいかがでしょうか。

習田 浸透という意味では進めやすかったと感じています。実は社長の北尾が就任して長期ビジョンをつくるときは創業130周年で、社員が歴史を振り返る機会があったんです。そこで創業者、久保田権四郎の「技術的に優れているだけでなく、社会の皆様に役立つものでなくてはならない」という言葉に改めて触れ、当社の成長が社会課題の解決によって行われてきたことを社員が再認識できたと思います。

具体的な浸透活動としては、社長のTOPメッセージを16言語に翻訳してグループ社員の4万人（当時）に発信したほか、海外拠点や国内のミドルマネジメントと日本の経営陣によるミーティングもオンラインで実施しました。できるだけわかりやすい言葉で浸透を図ったこともあり、比較的スムーズに浸透したと思っています。

■ CO₂の約25倍の温室効果の メタンを中干し延長で削減

――そうした歴史の中で貴社は2023年6月に、農林水産省の「水稲栽培における中干し期間の延長」方法論を用いたプロジェクトとして承認されました。農業機械メーカーである貴社らしい取り組みだと思いましたが、その背景などについて伺えればと思います。

利根川 「水稲栽培における中干し期間の延長」とは、田植え後の水田の水を抜く「中干し」という期間を通常より7日延長することで、CO_2の約25倍の温室効果を持つとされる温室効果ガス（GHG）の一種、メタンの発生量を3割削減させて、その削減分を換金性のあるJ-クレジットにするという制度です。

J-クレジット制度は、プロジェクトによってGHGを削減した量や吸収量の増加分を、$1t\text{-}CO_2$単位で「クレジット」として認証し、取引可能にする国の制度ですが、あまり農業で組織的に使える方法がなかったんです。

そこで農林水産省が動いて、水稲の領域で新しい環境価値を生み出せる水田の「中干し延長」という方法を整えました。

そこに対して当社は、農業生産者がこの制度に参画するコストや手間の負担を軽減してGHG削減の取り組みを後押しし、農業生産者に新たな収益をもたらすお手伝いをします。またJ-クレジット制度を活用して農業や食料領域でのGHG削減を促進させるために、当社が管理人を務める団体「クボタ大地のいぶき」も設立しています。

農業生産者が新しい経済性を生み出せる中干し延長は、農業領域のクレジットの取り組みではいちばん広がりそうだと思っています。農業の価値自体も上げられて、また地方と都市がクレジットを通じて結びつくことで、食料以外の新しい需要と供給の関係が生まれ、お互いが発展していくきっかけになると考えています。

われわれは日頃から農業生産者の困りごとが何かを、もっとも近い立場として把握してきています。当然社会や農業生産者に影響のある国の政策や戦略の情報も入手していますので、

図表1	水稲水田における従来の中干しと J-クレジット化が可能となった中干し延長の違い

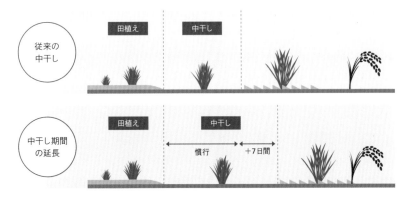

その中でいかにGHGを削減していくかについて、国の政策や世の中の動きを見ながら一つの事業領域としてやるべきだと話をしていたんです。

▌農機プラスデジタル商材で農業生産者の困りごとを解決

利根川　当社は農業機械というハードウェアメーカーのイメージが強いと思いますが、実は2014年からは新たにICTを活用したサービスを提供して、農業生産者の困りごとを解決していく取り組みを始めています。

その一つが「KSAS（ケーサス）」という「営農支援システム」です。農業生産者は作業日誌をつけて圃場を管理していますが、これをデジタル化したものです。

ご承知のとおり、高齢化に伴い、離農する農業生産者がたくさん出てきています。そういった方々については、その地域で大規模に農業を行う担い手農家が代わりに農地の面倒を見るケースが増えているのです。農業人口は減りつつあるのですが、農地はそ

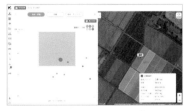

KSASの画面。誰がどのような作業を行ったかが記録されるほか、圃場１枚ごとに食味や収量の状況が視覚化され、施肥などの作業の効率化が図れる

んなに大きく減ってはいないんです。逆に担い手農家が担う農地が増えている状況です。

その結果、担い手農家が地域に広がった点在している圃場を管理していくことになります。それを紙ベースで管理していくといずれ限界が来るのでデジタル化しましょうという流れを、2014年からつくっていったんですね。

中干し延長プロジェクトでは、過去2年間の慣行中干し期間の記録を証明することが参加要件ですが、KSASで記録した作業内容が証明となってJ-クレジットという新たな環境価値を生み出すことにつながったわけです。

▌クレジットは農業生産者の収入を増やして持続可能に

――中干し延長で得たクレジットは売却される予定なのでしょうか。失礼ながら貴社の事業規模からするとボリューム的にもそれほど大きくはないと思うのですが。

利根川　中干し延長の事業ポテンシャルですが、農林水産省の試算や政府が掲げる2030年度の削減目標（メタン104万t-CO_2）の達成に向け、当社も貢献したいと考えています。

おっしゃるように当社全体の事業量からいえばそれほど大きくはありません。考え方としては、まず農業生産者に中干し延長で、本質的な課題であるGHGの削減努力をしていただき、そのクレジットを還元して農業生産者の手元収入を増やす。そしてその増えた収入を生産性の高い農機へ

利根川氏

の更新につなげて、収量を増やしていただく。そうやって事業をしっかり成り立たせながら、農業全体の付加価値を高めていくことが重要だと考えます。農業経営のサポートをわれわれの本質的なゴールとするのであれば、必ずしもソフトウェアの領域だけで収益化する必要はないんです。ソフトウェアとハードウェアを組み合わせて、一つの大きな事業として捉えてお金を回していくことで、たくさんの農業生産者やサプライヤーがメリットを受ける。

過去ITベンダーなどが営農領域に入ってきては撤退されていった経緯を見ていると、それができることが当社の強みだと思っていますし、われわれはこうした事業に参入する以上、不退転の決意で臨んでいます。

▌社員が農家に泊まり込んで困りごとを体験

――貴社のプロジェクト計画書を拝見し、本当に農家の困りごとに寄り添い、入っていかれているからこうし

たプロジェクトが回っていくのだと感じました。

利根川 中干し延長は、もともと社内の複数の部門で注目して検討していた経緯があります。「GMB2030」が社内に浸透し、同じようなマインド、目線を持った社員がいるのだと、この事業を通じて改めて実感しましたね。

――農家とのお付き合いの中で、とくに工夫されていることはありますか。

利根川 普及に関しては、国内の営業部門が過去何十年にわたって構築してきた全国の販売会社、ディーラーネットワークにいる農業生産者の窓口である営業の方々が人間関係をしっかりつくってくれています。地域ごとに勉強会、研修会などを展開しながら、KSASの使い方、使うメリットについて深く理解していただき、導入してもらっています。すごく泥臭い方法です。

――以前貴社の工場長にお話を伺ったときに驚いたのは、エンジニアの方が日本各地の農家に泊まり込みで実作業を支援する初期研修があることです。

習田 いまは全員が農業生産者の家に泊まってお手伝いをしているわけではないですが、社長の北尾が若かりし頃、北海道の酪農家に1ヵ月泊まり込んで困りごとを体感した話は、いろいろなところでしています。つくっている作物によって困りごとが違いますし、北海道の農業生産者と東北の農業生産者の困りごとも違います。われわれ自身が実際に体験することで自分たちにどんなサポートができるかを学び、製品開発や農機のカスタマイズに生かして農業生産者の信頼を得ながら、シェアを上げていったのが当社の歴史です。

利根川 今回の中干し延長では、営業担当者と一緒に農業生産者を訪ねていたのですが、われわれの話を熱心に聞いてくださいますし、「クボタがやるのであれば、ぜひやりたい」と言ってくださる方が本当に多いんです。普段からお客様である農業生産者1軒、1軒と信頼関係を築いて、困りごとを吸い上げ、農業生産者のためになるものをちゃんとつくることを地道に続けてきたからこそ、聞き慣れないような目新しいソリューションも取り入れてくださるのだと思います。

地上から地下5mの
プラットフォーマー

――私たちは森林の検証も行っていますが、土地の所有者にCO_2のクレジットを説明に行ってもなかなか信用してもらえないと、事業者の方が苦労されているケースに接することがあります。「クボタがやられるならわかりました」という信頼関係は、長年困りごとに寄り添ってきた歴史があってこそなのだと思いました。

――今後、中干し延長はどのように展開される予定ですか。

利根川 まずわれわれのプロジェクトに参画していただける農業生産者を増やしていくことが短期的な活動目標になりますが、2023年と24年についてはトライアルと位置づけています。というのもプロジェクトは過去2年の慣行中干し期間の記録が参加要件ですので、制度がスタートした23年に参加された方は、21年と22年の記録を持っている方となります。本格的なプロジェクト拡大は25年と見ており、少なくとも2030年まではしっかりと参画いただく農業生産者の裾野を広げていく予定です。

そのためには、プラットフォームとしてのKSASの利便性を高める必要があります。

機能面では、中干し延長において欠かせない水田の水管理を自動化したシステム「WATARAS（ワタラス）」とも連携していますし、農業機械や、トラクタに装着するインプルメントという作業機とも連携できます。

衛星写真で、中干しの有無を判定させる研究も進めています。

また従来KSASは有料会員が中心でしたが、2022年の初頭からは圃場100枚以下の農業生産者に対しても全機能を無料で開放しています。自社

習田氏

水稲水田の自動水管理システム「WATARAS」。水田の給排水をスマートフォンやパソコンでモニタリングしながら遠隔操作や自動操作ができる。水管理の軽労化に貢献している

だけでなく、他社と連携してKSASの機能やサービスを拡充していくことも必要だと考えています。他社との連携を推し進めるためにKSASのユーザーが他社の営農管理アプリなども取得できるウェブサイト「KSAS マーケットプレイス」を開設したり、「KSAS API」を活用した他社とのシステム連携の環境も整備しています。

将来的には日本と似たような農業を行っている東南アジアにも同様のコンセプトを展開していきたいと思っています。サステナビリティの考え方はいろいろあると思いますが、農業生産者を主語にした場合、本業である農業を通じてしっかりと収益を出して農業を持続させることが重要だと考えます。

そうすると食を事業領域とするわれわれとしては、日本の食料自給率を高めるために、農作物が高く売れる仕組みをどう構築していくかが重要になってきます。

その一つとして、KSASに取り込んだ営農データをバリューチェーンの川下の食品加工や販売を営む企業にも使っていただくような、持続可能なフードバリューチェーンの構築があります。食品のトレーサビリティとして活用し、食の安全・価値向上を図りながら、GHG削減など、1社だけでは解決できない困りごとをKSASの営農データと機能で解決していくのです。

当社の事業をどのようにサステナブルに回していくかという点では、われわれはまだまだ成長機会があると感じています。

農業領域では農業残渣も課題となっており、ソリューション提供に向けて実証実験を開始しています。

習田　社長の北尾は、カーボンニュートラルと資源循環が実現した社会として、当社の「食料・水・環境」という事業分野の技術で、スマートビレッジが実現できたらと言っています。当社は生活に関する水の供給や再生、廃棄物の処理、建設機械の製造も行っていますので、都市のインフラを構築する機材も技術もノウハウもあります。

利根川　そこはオープン化を進めて、考え方に賛同する人や企業、ステークホルダーにどんどんつなげていく世界になると思います。われわれはどんどん世界の地域に入っていかなければと思っていますが、日本の農業の課題が地域ごとにそれぞれ違うように、インドにはインドの、北米には北米の、その地域にあったサステナブルな社会をつくるための貢献の仕方というものがあると思います。

習田　そうしたさまざまな構想を抱きながらも、北尾がつねに言っているのは、われわれが「地上から地下5mぐらいのプラットフォームになる」ということ。やはり当社は土壌に近いところにしっかり軸足を置いて根ざし、そこで事業や社会への貢献を考えていくところは当面変わらないと思っています。

Corporate Profile

株式会社クボタ

創業	1890年2月
事業内容	農業機械や建設機械、産業用エンジン、環境関連機器などの製品・技術をもとに世界120ヵ国以上で「食料・水・環境」分野の課題解決に取り組む。
従業員数	連結52608名（2023年12月31日現在）
ミッション	人類の生存に欠かすことのできない食料・水・環境。 クボタグループは、優れた製品・技術・サービスを通じ、 豊かで安定的な食料の生産、安心な水の供給と再生、 快適な生活環境の創造に貢献し、地球と人の未来を支え続けます。

■ 未利用農業資源を活用
■ 循環の仕組みを実現

——貴社のサーキュラーエコノミーについて伺いたいのですが、社名のFOOD REBORNが事業内容を表しているようですね。

ご指摘のとおり、フードリボンは、農産物の未利用資源を生まれ変わらせる（reborn）と、生産者から消費者までの縁をつなぐリボンをかけています。

いまでこそ、パイナップルの葉から繊維や生分解ストローを生み出す事業で認知されるようになりましたが、起業当初は、沖縄の特産品であるシークヮーサーの果皮を活用する事業を営んでいました。シークヮーサーは「長寿の源」と言われ、沖縄で愛される食材です。排尿機能障害の改善効果や認知症予防効果があると言われています。実際に県内の60％のシークヮーサーを生産している大宜味村は、長寿の村として有名です。

シークヮーサーの9割は果汁として出荷され、残りの1割は青果として出荷されます。果汁を絞る際に、搾りかすの果皮は捨てられていました。しかし、果皮には果汁の400倍の栄養分が含まれていると研究でわかっています。私たちはそこに着眼し、大宜味村産のシークヮーサーを使用した商品開発を開始しました。

果皮から取り出した精油のアロマオイルを県内の高級ホテルの部屋で使っていただいたり、皮ごと絞ったシークヮーサー果汁100％のジュースを販売したりと多方面に展開しています。売上の一部は国頭村、東村、大宜味村のやんばる3村世界自然遺産推進協議会に寄付をしています。

——そこからパイナップルの葉繊維の利活用化までには、どういった経緯で変遷していったのでしょうか。

シークヮーサー製品の発売イベントで、大宜味村の隣にある東村の村長に声をかけられたのがきっかけです。東村は日本一のパイナップル産地。トゲトゲとした果皮は堆肥や豚の餌として活用されていた一方で、葉は活用

サーキュラーエコノミー

地域を越え、国境を越えてリソースを分け合う
沖縄の特産品でかなえる
サーキュラーエコノミー

サステナビリティの推進には、製品・サービスにサーキュラーエコノミーの要素を組み込むことが重要となる。

ただ、実践段階で足踏みしている企業は多い。長寿の村で有名な沖縄県大宜味村に本社を置く

FOOD REBORN（フードリボン）は未利用農産資源を価値ある繊維に生まれ変わらせている。

宇田悦子社長は、「企業のサステナビリティ活動のカギは地域にある」と語る。

地域に根付きながらサステナビリティを実現するヒントを伺った。

［聞き手］平川 雅宏 一般社団法人日本能率協会 審査登録センター　　Photo: Takashi Oguchi　Text: Shun Kato

宇田 悦子

株式会社 FOOD REBORN 代表取締役社長

方法がなく捨てられていました。

しかし、フィリピンでは昔からパイナップルの葉から繊維を取り出してシルクと織物を生産していました。それをヒントに、沖縄のパイナップルの葉でも同じようなことができるのではと仮説を立て、事業をスタートしました。

——パイナップルの葉繊維の事業で困難はありましたか。

繊維を取り出すのに苦労しました。フィリピンでは手作業で取り出していたようですが、それだと量産化は難しいです。そこで繊維を取り出す機械を探し、金属の刃で葉肉を削り繊維を取り出す機械を中国から仕入れました。しかし、きれいな繊維は取り出せませんでした。天然繊維の代表であるコットンに比べ、品質的にとても劣ってしまいます。

次に「機械がないなら、自分たちでつくろう」と、機械の開発に踏み切りました。その際に大切にしていたのが、「環境負荷を削減したモノづくり」です。環境負荷を少なく、品質の高い繊維を低コストでつくることを目標に掲げていました。そのため、酵素による分解や天然由来の成分活用、再生可能エネルギーなどさまざまな方法

水を高圧噴射し、繊維を取り出す機械

パイナップルの葉繊維からつくられたストロー

を調べ、試行錯誤しました。

試行錯誤の末に出来上がったのが、水の高圧噴射で繊維を取り出す機械です。水の高圧噴射によって樹木などがカットされる例があります。水の力にそれだけのパワーがあるのなら繊維も取り出せるはずだと仮定し、開発しました。結果、いままでの方法よりも格段にきれいな繊維が取り出せたのです。

さらに繊維抽出時に出る残渣も粒子サイズごとに分け、粗い残渣は牛・ヤギ・羊の飼料にアップサイクルし、細かい残渣は生分解性樹脂の混合材料に変えて活用が可能です。

繊維も残渣も製品の使用後は土に分解され、大地へ還っていきます。残渣を活用したバイオプラスチック製品としてストローを開発、販売し、沖縄のホテルや飲食店をはじめ、日本国内200ヵ所以上で採用いただいています。

——生産過程のどこを切り取ってもサステナビリティを意識されているのを感じます。

あわせてパイナップル農家への貢献も意識しています。沖縄県産のパイナップルの生産量は世界的に見るとごくわずかで、多くが発展途上国、いわゆるグローバルサウスで生産されています。農家の方の課題は巷間言われていることですが、収入が低い点です。たとえばインドネシアやフィリピンの農家の平均収入は日本円で約2万円です。果実を育てて販売することだけでなく、不要としていた葉を繊維にする作業を手伝うことで対価として収入源になり、自国の伝統意匠に生まれ変わったり、新たな産業へ貢献することにつながります。原料を育てている生産者の顔が見える繊維を届ける仕組みをつくり「ありがとう」が消費者から生産者へと伝わる仕組みを開発しています。弊社は、生産者と消費者とつなげる役目をしていきたいと思っています。

■ 製品ではなく社会をつくりたい

——企業と共創してパイナップル繊維のアロハシャツやジーンズを開発されていますね。

こうしたコラボレーションを実施するうえで大切にしているのは、「何のために事業をしていて、どのような未来をかなえたいか」の説明です。「この製品をつくりたいから協力してほしい」ではなく、「こういう社会をつくりたいから、それに協力してほしい」という伝え方をしています。

活動し始めたころはSDGsが浸透しておらず、「環境負荷が低いものをつくろうとするとコストが高くなる」と考える風潮がありました。しかし、いまは「コストが高くても、価値があるものを売りたい」という企業が増えているのを感じます。

以前は私たちの技術が未熟でお断りされることもありましたが、世間の風潮の変化もあり受け入れていただけることが増えています。

——天然繊維業で提携する企業からは、どういった点を評価されていますか。

手ごたえを感じるときは、想いや熱意が伝わったときです。きっとこの市場は成長するだろうと感じて決めてくださるのではないかと思っています。衣料の繊維はコットンが主流です。コットンは生産過程で農薬を使うので環境負荷が懸念されています。パイナップル繊維は果実の副産物で持続可能な素材

パイナップル繊維を活用したジーンズとアロハシャツ

ということと、品質も高いので、提携先の企業から評価いただいています。

トレーサビリティを重視する企業が増えてきており、トレーサビリティが明らかな商品づくりができるビジネスモデルにも賛同いただいています。

次世代を考えた行動が自分の幸せになる

——沖縄で事業を始められたきっかけを教えていただけますか。

もともとは千葉で創業し、北海道の昆布や山形のさくらんぼなどを取り扱っていました。知り合いの方に、大宜味村のシークヮーサーを教えていただいて、出張で行ったのが始まりです。

シークヮーサーの果皮活用のために大宜味村に通っていたのですが、はじめは地元の方との壁を感じました。なかなか本気度が伝わらず、思い悩んでいました。

転機になったのはあるおばあとの出会いです。地元のお祭りに出店したと

きにおばあが家に招待してくれました。村の歴史をはじめ本当にいろんなお話を聞いて、「生半可な気持ちで事業を行うのは失礼になる」と感じました。

おばあとの出会いがきっかけで「大宜味村でしっかりと事業を成功させたい」とさらに強く決意し、本社を大宜味村に移し、私も那覇に引っ越しました。

——経営者として苦労を感じるのは、どんなときでしょうか。

事業の拡大を目指す際に、社内を大改革しなければいけない局面があります。いままで一緒に働いてきた仲間を変えたり、やり方を変えたりする必要性が出てきた際に、周囲から反対意見をもらい、それは本当に求めていることなのかと一度原点に立ち返りました。

その結果、「みんなで協力しながら成長していく」という方向性が自分たちに合致していることに気がつきま

した。

——企業理念の「かふうあらしみそーれ、とぅくとぅみそーれ」について教えてください。

大宜味村のおばあから教えてもらった言葉です。「かふう」には「ありがとう」や「お幸せに」や「良い知らせ」という意味、「とぅく」には「徳」という意味があります。意訳すると、「自分たちだけのこと、自分たちの世代のことだけでなく、子どもや孫の世代の幸せを願い、行動することが自分の幸せとなって還ってくること」を指します。昔から伝わる、この愛のある言葉こそ、現代に必要な考え方ではないかと思い、これを理念にしました。

創業した当初、いくつかの企画で失敗をしました。いま思えば感謝が足りておらず、おごっていたのかなと思います。「感謝して、おごらず、徳を積む」が自分の戒めになっています。

サステナビリティ活動のカギは地域にある

——多くの企業がサステナビリティに貢献したいと考えていますが、何から手をつけていいかわからない状況です。そういった企業に向けて、何かアドバイスのようなものはありますか。

カギは地域にあると思っています。会社のある地域で取り組みをされている方たちとつながることが大切です。

私たちの活動を例に挙げると、東急電鉄の駅リニューアルプロジェクト「Green UNDER GROUND」との共

「KOMAZAWA MOAI FARM」の様子

創取り組みを2023年に実施しました。世田谷区、駒沢大学駅前の2000平米の空き地を活用し、地域循環の取り組み「KOMAZAWA MOAI FARM」を約半年間実施しました。ドトールコーヒー駒沢大学駅前店の抽出後コーヒー粉と、イベントで発生した生ごみからバイオガスと液肥を生成し、野菜の生育や運営に活用するという試みで、地域事業者と住民総勢約2500名に参加いただけました。顔が見えるまちづくりや脱炭素・循環型社会に向けた"環境と調和する街"の実現に取り組み、地球と共存する"地域循環"まちづくり手法の一つのモデルケースとなり、これをきっかけに今後もさまざまな形で地域の輪を拡げていきたいと考えています。

——今後、力を入れたい事業を教えていただけますか。

沖縄県大宜味村にこの春、FOOD REBORN FACTORYが竣工します。繊維や残渣の活用、そして最終製品までのモノづくりができる場所です。まずは繊維の生産をこの場所で継続していくことはもちろん、日本各地の伝統産業や企業、デザイナーとつながれる拠点となることを目指したいと思っています。また、海外ではインドネシアがアジアでもトップのパイナップル生産量を誇るのですが、ここで間もなく本格生産をスタートする予定です。

課題を一つひとつ乗り越えてきて、徐々に世の中に私たちの素材を使った製品が広がっていく様子が見えてきて、とてもワクワクしています。

——事業を通してどんな社会を実現したいと思っていらっしゃいますか。

私たちのビジョンは「捨てるものがない、循環型の社会を実現する」ことです。ビジョン達成に向けてかかわってくれている社員、その家族、取引先などステークホルダーが幸せに近づいていってほしいと思います。お互いを助け合う関係が理想です。

たとえば、会社の中でお互いの子どもの面倒を見たり、近所のおばあに子どもを見てもらうときもありました。自分たちが持っているリソースを分け合い、どんな人であっても強みを生かせる環境をつくり、互いに認め助け合える環境づくりが、結果として社会課題解決につながると思います。

インドネシアでの事業展開は、国を超えてリソースを分け合う事例です。あちらでおばあの言葉「かふうあらしみそーれ、とぅくとぅみそーれ」の説明をしたら、インドネシアにも同じ考え方があると教えてくれました。「故きを温ねて新しきを知る」という考え方は、日本だけでなく海外にもあり、いまこそ必要な考え方だと思います。🔔

Corporate Profile

株式会社 FOOD REBORN

設立	2017年9月20日
事業内容	農産資源活用の研究開発および企画・製造
Purpose	自分達だけのこと、自分達世代のことだけでなく、子供や孫の世代の幸せを願い行動できる世界を創ります。

SUSTAINABILITY
MANAGEMENT

Chapter
3-8

温室効果ガス削減

EV2万台、太陽光発電設備810基導入
業界に先駆け、共創で
サステナビリティ経営に取り組む

1976年に「宅急便」を生み出し年間約23億個の荷物を取り扱うまでとなったヤマト運輸。
その活動は、運送業の未来を左右する。2030年までにEV2万台や太陽光発電設備810基を導入するなど
意欲的な施策で、GHG排出量削減に向けてさまざまなパートナーと連携しながら取り組んでいる。

［聞き手］松本 素之　一般社団法人日本能率協会 地球温暖化対策センター　　　Photo: Aiko Suzuki　Text: Satoru Sato

秋山 佳子

ヤマト運輸株式会社 執行役員 サステナビリティ推進担当部長[*1]

special issue No.13 **THiNK!** | 89

2030年GHG自社排出量を48%削減（2020年度比）

——貴社のサステナビリティ推進部はいつ頃に立ち上がったのでしょうか。

2021年からです。ヤマトグループは、2019年に創業100周年を迎え、2020年に中長期の経営のグランドデザインとなる経営構造改革プラン「YAMATO NEXT100」を策定しました。翌年2021年4月にヤマト運輸とグループ会社7社が統合し、「Oneヤマト」という体制になり、サステナビリティ推進部はそのときに専門部署として立ち上がりました。

——貴社は物流を担っておられますので、企業のサプライチェーンを含めたスコープ3のGHG排出量において、貴社の排出量が重要なパートを占めてくると思います。2050年のGHG自社排出量実質ゼロに向けての青写真を教えていただければと思います。

2050年のGHG自社排出量実質ゼロに向けて、3ヵ年のサステナブル中期計画2023と2030年までの中期目標それぞれで施策を掲げています。サステナブル中期計画2023【環境・社会】で公表しているとおり、重要課題（マテリアリティ）を特定して取り組んでいますが、その中で一丁目一番地となるのは私たち自社のGHG排出量削減です。2030年までの中期目標では、2020年度比でGHG自社排出量48%削減、つまりあと6年で約半分にするという目標を掲げています。

そのロードマップの主要施策として、

まずEV2万台を導入します。さらに太陽光発電設備810基を設置していきます。太陽光発電については、オンサイト、オフサイトの両方で計画していますが、まずは自社の拠点を中心に810基の設置に向けて取り組んでいます。さらに、再生可能エネルギー由来電力の使用率を70%まで向上させます。また、従来からクール宅急便の輸送に一部ドライアイスを使用していますが、小型モバイル冷凍機や蓄冷剤を導入することで、ドライアイス使用量ゼロの運用を構築していきます。

これらの施策を中心に取り組み、2030年にはGHG自社排出量48%削減の実現を目指します。また、2024年2月に新たな中期経営計画を発表します*2。これらで掲げた施策を引き続き推進し、まずは2030年目標の達成に向けて取り組んでいきます。EVの導入については現在進めていますが、これはとくに自社だけではで

きないので、自動車メーカーと連携しながら進めています。おおむね計画どおり進んでいます。

カートリッジ式バッテリーで物流ダウンタイム削減

——そうしますと、そういった施策を進めるうえでの課題はあまりないのでしょうか。

私たちは物流業ですから化石燃料由来のエネルギーの使用量を減らしていくことは事業継続の大きな課題です。

これはヤマトグループだけでなく、物流業界全体における課題と認識しています。たとえばEV2万台導入を進めていくうえでは、EVの稼働時間と充電時間をいかに両立させるかということが重要です。当社の場合、集配業務と太陽光発電はどちらも日中の時間帯に発生するため、太陽光で発電した電力を使用すると蓄電が必

再生可能エネルギー由来電力を活用したエネルギーマネジメントを行うモデル店として、2023年10月から全国で初となる全車両EVの営業所の本格稼働を開始した京都・八幡営業所。太陽光発電設備と蓄電池を導入し、日中発電した電力で、EV充電や建屋電力の一部*を賄う。また電力平準化システムにより、夜間のEV一斉充電による電力使用ピークの偏りを緩和するなど、エネルギーマネジメントを行っている。
＊太陽光発電で賄いきれない電力分は、関西電力株式会社の「CO_2フリー電力」を購入

ドライアイスゼロを目指して、ヤマト運輸とデンソーが開発した小型モバイル冷凍機「D-mobico（ディー・モビコ）」と断熱箱

ホンダが開発したカートリッジ式バッテリーの軽EV。2023年11月から集配業務における実証を行っている

要になります。また、充電時にEVの稼働を止めなくてはならないので、物流のダウンタイムが発生することも大きな課題です。

さらに、近年再生可能エネルギー由来電力の需要が急激に増え、供給不足が懸念されています。発電だけでなく送電に必要な系統の容量不足も課題となっています。

そこで当社はこれらの課題の解決策の一つとして、交換型の「カートリッジ式バッテリー」を軸とした「EV・太陽光発電（PV）・バッテリーの連携によるエネルギーエコシステムの将来ビジョン」を掲げています（**図表1,2**）。

従来のEVは、バッテリーと車体が一体となっていますが、バッテリーを分離し、着脱交換できるようにすることで、充電時間による物流のダウンタイムの解消につながります。カートリッジ式バッテリーについては2022年から実用化に向けて検討しており、2023年11月からホンダの軽EVで実証実験を開始しました。また、NEDO（国立研究開発法人新エネルギー・産

業技術総合開発機構）の助成事業の一環として、現在群馬県全域を対象にEV導入やこれらのエネルギーマネジメントの実証事業を進めています。

実証事業では、2030年までに群馬県内の営業所などの拠点に太陽光発電設備を導入するとともに、群馬県内の集配車両約850台をすべてEVに切り替え、EV運用オペレーションの最適化や充電電力平準化システムの開発、拠点間電力融通システムの開発などを行う予定です。

自動車メーカーと共創でバッテリー規格標準化

昨年行われた「ジャパンモビリティショー」では、当社で実証を行っているカートリッジ式バッテリーを用いたホンダの軽EVも展示されていました。

カートリッジ式バッテリーEV（＝CBEV）の実用化にあたってはバッテリーの規格標準化が重要です。2022年7月からトヨタ自動車やいすゞ自動車、日野自動車が設立した電動化、物流

効率化を進める組織、Commercial Japan Partnership Technologies株式会社（CJPT）と連携し、規格標準化の検討を進めています。すべての車両がCBEVになるということではなく、一体型EVが基本で、カートリッジ式のEVはもう一つの柱となっていくと考えています。

また、将来的にはEVへの活用だけでなく、災害時の非常電源としてもカートリッジ式バッテリーを活用できるのではと考えています。災害で電線が切れて停電してしまったとしても一時的に建物に電気を供給できますし、地域のバックアップ電源として使うこともできます。さらに今後、過疎化が進む地域ではカートリッジ式バッテリーが新しい充電型設備として地域のエネルギーを補うことができると考え、一つのあるべき姿を描いています。

この構想は、2021年から進めてきました。もちろん当社だけでは実現できませんので、メーカーと連携しながら取り組む必要があります。当社が使用する集配車両は、環境に配慮していることはもちろん、ドライバーが働きやすいことが重要です。1981年に「ウォークスルー車」というコンセプトの車両を開発した際も、現場のドライバーの働きやすさという視点からメーカーにお願いしてつくっていただきました。引き続き、現場にとって働きやすいという視点も踏まえ、自動車メーカーと連携して取り組んでいきます。

なかでも物流業界は、気候変動の影響を受けやすい産業として特定されています。財務に対するインパクトも大

図表1 EV・太陽光発電（PV）、バッテリーの連携によるエネルギーエコシステムの将来ビジョン

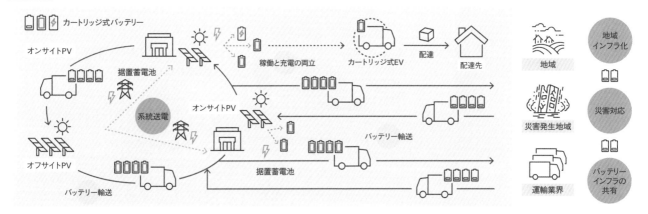

ヤマトグループが描くEVとカートリッジ式バッテリーによる地域社会のエネルギーエコシステム、GHG排出量削減と系統負荷軽減、地域・災害支援、運輸業界インフラ共有の効果が得られる

きいです。だからこそ、当社が業界に先駆けて新たな取り組みにも積極的に取り組んでいく必要があります。

国際規格に基づいた、GHG排出量可視化ツールを開発

——EVが中心とのことですが、水素燃料やアンモニア燃料などは考えているのでしょうか。

トラックは用途によって大きさも異なります。ラストマイルの集配車両は小型EVが中心ですが、幹線輸送を担う大型車両に関しては水素燃料を活用した大型燃料電池トラックの実証を始めています。2023年5月から、トヨタ自動車と日野自動車が共同開発した車両を、仕分けターミナルである羽田クロノゲートベース——群馬ベース間で1台、夜間の幹線輸送に活用しています。

現状の内燃車でも、ハイブリッド、

ディーゼル車などいろいろありますが、同様に用途や地域などによって対応も変えていく必要があると考えています。

——私たちJMAが検証させていただいているお取引先企業では、物流を単なるコストだけではなく、CO_2の排出量を含めて総合的に判断される場合が増えています。顧客企業の期待や要望もかなり強くなっているのではないでしょうか。

そうですね。当社は個人のお客様向けの宅急便のイメージが強いと思いますが、法人のお客様のサプライチェーンの物流も担っています。物流を通じてお客様の事業課題、物流課題を解決し、価値提供を目指しています。

法人のお客様からは、物流の改革、ロジ作業の合理化の提案を求められることが多いですが、GHG排出量の可視化や物流の効率化によって削減

されたGHG排出量を算定してほしいというニーズも出てきています。

自社のGHG排出量削減だけでなく、いかに法人のお客様のサプライチェーン改革に価値を提供できるかというフェーズにきていると思っています。宅急便のサプライチェーンで見ると、スコープ3の領域は基本的にパートナー企業が担っている大型トラックが走行する幹線ネットワークが大部分です。そこを含めてきちんと算定することがお客様への価値提供の一つとなっていくと考えています。

これらのニーズに対し、現在取り組んでいるのが、物流領域のGHG排出量の可視化です。これまでも、GHG排出量の算定方法はいろいろありましたが、物流に特化した国際規格はありませんでした。2023年3月20日に物流領域によるGHG算定基準の国際規格ISO14083:2023が発行され、その基準に準拠したGHG排出量可

視化ツールを開発しています。

これまでの開示方法は、改良トンキロ法や売上金額に応じた算定方法のため、EVを導入したとしても排出量の実績として反映されていませんでした。新しいGHG排出可視化ツールでは、ISOに準拠して1次データを活用し、燃料法・燃費法が計算の中心となっているので、GHG排出量をより実態に即して算出することが可能になります。

やはり取り組んでいる投資がGHG排出量の数値に反映されないとなかなか削減に結びつきません。物流の実態に即したGHG排出量の可視化ができれば、物流としての新たな価値提供になると考えています。

2024年問題解決にパートナーと取り組む

──こういった算定ツールの開発は、これまではシステム会社や商社が多かったのですが、物流を担っておられる貴社が開発されるのはすばらしいと思います。いまバリューチェーン全体の動きが金額ベースから実際のGHG排出量に変わっていますから、必要とする企業が多くなると思います。貴社の努力、サプライヤーの努力を反映することができると考えています。一方直面している物流業界全体の問題としては2024年問題があります。貴社としてはどのような取り組みを実施されていますか。

2024年問題について、ヤマトグループは以前から働き方改革に取り組んできたので、当社の社員の労働時間についてはすでに対応済みです。

ただ、幹線輸送をはじめ宅急便のサプライチェーンを担っていただいているのがパートナー企業となるので、パートナーを含めてきちんと物流の維持ができるように輸送の在り方を見直しています。

一方で、企業間物流においては、法人のお客様の小口多頻度化に伴うチャーター便の積載効率の悪さや荷役作業、長い荷待ち時間など、従来から物流業界の中で行われていた非効率な商習慣の課題がありますので、それらを解決する物流の提案を行っていきます。

たとえば、チャーター便の復路では荷台が空になってしまう場合も、パレット単位のパッケージ化された輸送サービスであれば、複数顧客の荷物を積み合わせることで、より効率的な運び

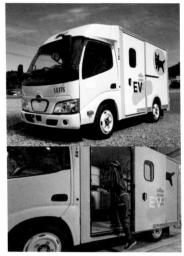

日野自動車株式会社が開発した超低床・ウォークスルーの小型商用BEVトラック「日野デュトロ Z EV」。超低床構造で安全性や作業効率も考慮されている

方が可能となります。

企業間物流についても輸送の標準化を図り、より効率的なドライバーのよい働き方に貢献できる運び方創りに取り組んでいきます。

サステナブル社会の実現に業界に先駆けて対応

──お伺いしながら、サステナビリティに対する経営層の覚悟と、施策を理解し実践される皆さんのスピードが、かなり速いと感じました。

サステナビリティの推進には経営層のコミットメントが重要だと思います。先ほどのカートリッジ式バッテリーもそうですが、物流業界が抱える課題に対し、業界に先駆けて当社が持続可能な物流の実現をリードする使命があ

図表2 カートリッジ式バッテリーイメージ

固定式バッテリー

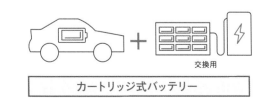

交換用

カートリッジ式バッテリー

ると認識しています。

GHG排出量削減への対応は自社だけでは解決しません。実際にスコープ1、2のGHG排出量の円グラフと比べ、スコープ3まで入れた円グラフにするとパートナーが担うGHG排出量が7割以上を占めています。物流を維持していくには、当社だけでなくパートナーと連携していかないと、法人のお客様から見たスコープ3は減っていきません。

しかしながら物流業界は中小事業者が数多く活躍している業界なので、業界全体で環境問題に取り組まなければなりません。当社は宅配事業の業界大手として、リードして取り組んでいく必要があります。そうすることで、たとえばEVが普及し規格化していけば、価格も安定し、中小企業もEVの導入ハードルが下がります。一方、充電インフラの整備も必要ですので、その対応も先駆けて考えていかなければなりません。

当社は経営理念に「豊かな社会の実現に貢献」することを掲げ、宅急便という社会的インフラを構築しながら、「スキー宅急便」や「ゴルフ宅急便」などお客様の利便性向上に努めてきました。その後、EC市場の発展によって取り扱い個数が伸び、2022年度は23億個を超えました。個人のお客様から個人のお客様にお届けすることから始まった宅急便も、近年では法人のお客様から発送する荷物の取り扱いが9割になりました。このようにお客様のニーズが多様化してきたことで、ニーズに合わせた体制や物流ネットワークを構築する必要があります。さらに働き方改革や、気候変動の問題もあります。

2021年に経営構造改革として「Oneヤマト」という体制に変更し、個人のお客様だけでなく法人のお客様にも価値提供できるよう、事業戦略を立て、次の運び方をつくっています。構造改革の中では、ドライバーの働き方などの人事戦略だけでなく、デジタル戦略も進めています。いままでの集配業務はドライバーの経験と勘に頼る部分が多くありましたが、いまはAIを活用し自動で最適なルートを計算しています。

これまでも環境問題への対応はしてきましたが、気候変動や人権など多様な課題、かつグローバルな対応が求められるようになり、それらの要件を満たす取り組みをしていく必要があります。

サステナビリティ推進部ができた3年前は、サステナビリティやESG、SDGsの言葉はわかるけど、それをサステナビリティと事業の統合の中で具現化していくのはなかなか難しいと感じていました。

当初は手探りでスタートした部分もありましたが、2021年に策定した「サステナブル中期計画2023【環境・社会】」を軸にさまざまな施策を展開し、基盤づくりから実装へと進めてきました。サステナブル経営を推進し、国際的な基準やステークホルダーの要請に適用するレベルに引き上げることができたと思っています。これからはパートナーも含めたサプライチェーン全体で変革の実行というフェーズに入っていきます。引き続き、パートナーと連携しながら、お客様に価値提供を行い、持続可能な社会の実現に貢献する取り組みを進めていきたいと考えています。●

Corporate Profile

ヤマト運輸株式会社

設立年月日	2005年3月31日
事業内容	「宅急便」など各種輸送にかかわる事業
社員数	184119名（2023年3月31日現在）
社訓	一、ヤマトは我なり 一、運送行為は委託者の意思の延長と知るべし 一、思想を堅実に礼節を重んずべし
企業理念	ヤマトグループは、社会的インフラとしての宅急便ネットワークの高度化、より便利で快適な生活関連サービスの創造、革新的な物流システムの開発を通じて、豊かな社会の実現に貢献します。

＊1 肩書は取材当時　＊2 2023年11月15日（取材時）

サステナビリティ経営を生かす中小企業

窓業界のサステナビリティ経営の羅針盤
中小企業の価値増大の新法則

サステナビリティ対応の重要性を認識しながらも、社内理解をはじめ、実践段階で苦労している企業は多い。
ここに、業界全体のサステナビリティ対応を牽引する面白い会社がある。
窓ガラスの業界でオピニオンリーダーと称されるマテックスだ。日本板硝子やLIXIL、YKK APといったメーカーと
街のガラス、サッシの販売店や工務店との間に立ち、卸売業をしている。同社は10年以上前から一貫して
企業の社会的責任にこだわり、具現化してきた。変遷を通して、サステナビリティ対応の実践のヒントを見ていく。

［聞き手］恩田 昌彦　一般社団法人日本能率協会 審査登録センター　Photo: Kimihito Terao　Text: Shun Kato

松本 浩志

マテックス株式会社 代表取締役社長

「見せかけの経営理念は意味がない」広報活動化への警鐘

——持続可能性を重視した経営に本気で取り組まれているとのこと。多くの企業が社内理解を得ることの難しさに苦戦しています。

私の祖父は、1928年に小さなガラス商を起こしました。これが当社の起源です。戦前、戦中、戦後の目まぐるしい環境変化を背景に、祖父と父の代では経済的価値の追求に力を注いだ時代が長く続きました。

2009年に私が代表に着任してからは、「窓から日本を変えていく」というビジョンの下、「社会的な課題に対峙していこう」と旗を立てました。経済的価値の追求を実践しながらも、未来が歓迎するベクトルに照準を合わせた経営が求められる時代だと考えたからです。社員のウェルビーイング、環境負荷の低減、地域と共創共栄できる社会づくり……これら社会的価値の追求が、営利企業にも求められる時代です。

創業80周年を機に掲げた経営理念には、「窓をつうじて社会に貢献する」と明記し、その具現化と実装に力を注いできました。

窓は社会のさまざまなシーンで役立ち、社会課題の解決法を提供できる商材ですが、必ずしも社員皆が自発的に「どう役立っているか」をイメージできるわけではありません。全社で理念を共有するために、関東一円の1都3県の事業所で定期的に対話を重ねました。

すぐに共感できる人もいれば、「わかるけど、でも今日、明日を回していくのも大変なんです」と顔に書いてある人もいます。それでもまずは、「現にどれだけ社会に役立っているか」をイメージしてみるだけでいい。自分たちがかかわっている住宅や建物を地図上で色付けして可視化すると、「相当貢献していますね」と、自身の仕事の意義や社会に提供している価値を認識してくれます。

次第に、一人ひとりが理念を「自分ごと」として自分に重ね、「額に飾られた理念」がパワフルな「真の理念」へ

図表1　マテックスの沿革と価値軸シフトへの挑戦

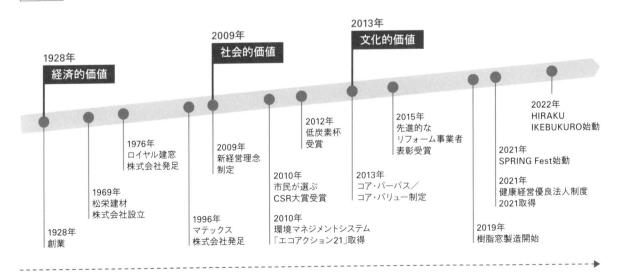

と変化していきました（**図表1**）。

——理念が会社全体に行き渡った実感が得られるまでどのくらいかかりましたか。

3年ほどでしょうか。いきなり皆がガラリと変わったら、逆に危ない。時間がかかることは想定内でした。3年ほど経つと、「組織的に自由度を高めながら主体性を発揮できたほうが、一人ひとりが社会価値を提供している実感が得られる」と考えるメンバーが圧倒的に増えました。

そこで2012年、次のフェーズへギアチェンジを図ろうと研究していたとき、米国ネバダ州を拠点とするオンライン靴店Zapposの「バリュー経営」との出合いがありました。さっそく本社を視察し、「企業文化を軸に経営すると、会社の活性化が進み、おのずと業績も上がる」と確信しました。

帰国後、自分たちで企業文化を生み出すべく、バリュー経営を始動しました。企業文化は、どこの企業にも自然発生的に備わっているものです。しかしそれは、どちらかというと「社風」に近い。私たちは、意図的かつ戦略的につくっていくものを「文化」と定義しました。

英語で言う「文化＝culture」の語源は、ラテン語で「耕す」を意味する言葉です。一説によると、もともとは「人間の内面を耕す」という意味から派生しているそうです。文化とはまさに、人間が生きていくうえで重要な核となる要素なのです。

こうして、マテックスの3つの軸、①経済的価値軸（経済的指標）、②社会的価値軸（社会課題解決への貢献度）、③文化的価値軸（組織を構成する個人の内面的な向上への貢献度）が定まりました。

——社会的価値軸に通じるところでは、2010年度からCO_2排出量の測定に着手され、2013年度1068㌧だった排出量を2022年度632㌧まで削減されています。いち早くCO_2排出量の可視化に踏み切られた理由は、何だったのですか。

サステナビリティが言われる前の2010年ごろから、「真のCSRを追求しよう」と決意していました。広報活動的な社会貢献は、絶対にしたくなかった。借り物では長持ちしませんし、偽物では、独りよがりで社会的価値など提供できずに終わってしまいます。

CO_2排出量の抑制に貢献できる窓を提供するなら、まず自社の活動でどのくらい排出しているのか明らかにしたうえでなければ、うそになります。自社で大量のCO_2を排出しながら「この窓いいですよ」なんてことを言ったって、滑稽です。

そこで、2010年にエコアクション21（環境省が推進する環境経営認証）を取得。以来、エコテーマへの取り組み内容と結果をチームで共有し、PDCAを回しながら削減を図っています。たとえば配送分野では、配送ルートをすべて可視化し、「このお客様にご協力いただけると、その隣のお客様にも1回で届けられる」など地道な分析を重ね、右肩下がりで排出

量を削減しています。

そのうえで、断熱性の高い窓の普及に励み、おおむね年間2500〜3000㌧のCO_2排出量の削減に貢献しました。その結果、削減に貢献した量が排出量を大幅に上回る状態までこぎつけました。

近年は同業他社の関心も高く、自社で蓄積した知見やノウハウを共有しています。ようやく「窓業界は持続可能な地球環境に貢献できる産業」という理解を深められるときが来ました。2022年秋には一般社団法人住宅開口部グリーン化推進協議会が発足し、私も創設メンバーの1人として活動しています。

——パーパス経営やSDGsの知見も業界に共有されています。具体的な取り組みと反応について教えてください。

例年当社では、「マテックスフェアー」という展示会を開催しています。従来は、多くのお客様に買っていただくことに主眼を置くイベントでしたが、現在は「地域企業としての会社の磨き方」や「未来に歓迎されるビジネスの方向性」といった発信を増やし、パーパスセミナーの開催や事例紹介も行っています。来場者数も従来の約半数にあたる1100人まで縮小し、サステナビリティや社会貢献に関心の高いお客様やお取引先を中心にお越しいただきました。

2022年には「パーパス」をテーマに開催しました。正直、この概念を業界に持ち込むのは挑戦でした。後ろ向きな反応も想像していました。しか

図表2 マテックス社のエコアクションの定量的目標

● 2010年より「エコアクション21」の認証を取得し、CO₂排出量の可視化に取り組む。
● 2013年度1068㌧だった排出量を、2030年度には481㌧を目指し、設備や運用の見直し、社員一人ひとりの省エネ意識を高める。（2013年度比 マイナス55%）

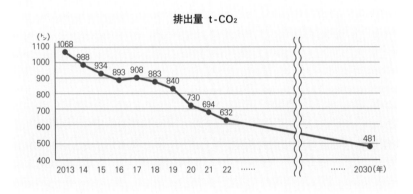

排出量 t-CO₂

し、ふたを開けてみると、集計したアンケート375通のうち約32%が「関心がある」、約48%が「やや関心がある」、つまり80%以上からポジティブな反応が寄せられたのです。社会の価値観が急激に変化していることの現れなのでしょう。

早速、「実際にパーパスを掲げたい」と答えた企業のうち35社に向けたワークショップを開催し、一緒にパーパスをつくりました。現在は実践を目指している段階です。

豊かな社会生態系維持のため自分たちはどうあるべきか

——自社の知見を業界全体に共有しようと考えられたきっかけは？

ファーストキャリアで電機メーカーに勤めていたときのことです。国内で製品を製造して北米や欧州に出荷するのですが、知恵を絞って5～10円のコストダウンをしても、市場に出そうとすると「50ドル下げないとクリスマス商戦に勝てない」と言われてしまいます。

競争によってサービスの向上やコストダウンが進む側面はあるものの、そこでは枠から大きくはみ出した暴力的な競争が起きていました。それを目の当たりにして、「業界全体で物事を考えながら、個社の特徴や独自性を打ち出すことが、社会に期待されている在り方なのでは」と考えるようになりました。

経済の世界では競争やマネーに目がいきがちですが、いちばん怖いのが「自分さえよければいい」という考え方。そうではない考え方ができる事業者が業界の中に1社でも増えれば、

未来世代の目にも「窓産業ってすごい」と映るのではないでしょうか。また、私たちには間違いなく「卸のDNA」が宿っていると思います。何かというと、まず、「お客様をいかに主役にして差し上げることができるか」を考え続けてきたDNAです。

マテックスの「お客様」は、街のガラス屋、サッシ屋、工務店など、多くが地域に根差した家族経営の商店です。その方々がビジネスの主役、そして地域社会の主役になれるようサポートすることが、マテックスの大きな役割です。

自然災害や高齢者の不安をあおる情報があふれている昨今、とくに「地域の主役に」という部分は重要です。「あの人がいるから」と頼れる存在になったり、地域の安全を共同で守ったりと、顔の見える地域企業だからこそできることがあります。

2つ目が、「好循環を生む」DNAです。自然界に、周りの木をなぎ倒してでも自分だけ生き残ろうとする木があると、森そのものが存続できなくなります。人間界でも同じで、業界や社会全体の生態系の中で「自分たちはどうあるべきか」を追求したほうが、自社もよい状態でいられます。

知見を共有するのも、業界に、そして地域社会に好循環を生むためです。窓業界は、自然災害、パンデミック、地球温暖化……あらゆる危機的状況下で貢献できる産業です。業界の担い手の私たちがそれを実感しながら仕事ができれば、こんなに幸せなことはありません。

真のサステナビリティ経営を目指した結果、お客様との関係性の質が高まり、業績にも反映されています。かつては「早くモノを出してきてくれて助かる」と頼りにしていただきましたが、いまは「情報や勉強会が、時代を読むエッセンスとしてものすごく助かる」と言われるようになりました。単なる売り買いを越えた関係性を育むことで、「社会の中で生きている」と強く感じられます。

サステナビリティの本質は、まさに関係性。「広報チームに任せているから大丈夫」と思考停止するのではなく、お客様との関係性の質を変え、"悪しき慣習"を変えていくことで初めて、サステナビリティ経営を実現できるのだと思います。

■ 社会貢献性が成長のカギ 「越境」する3rdプレイス

——最後に、サステナビリティ経営の未来の青写真を教えてください。

今後は、社会貢献性なくして営利企業が成長していくことは難しいでしょう。これまでビジネス領域で手つかずに残されていた社会課題を、パートナーとの共同によって事業化していく、共創志向型の企業にシフトしていくことが求められています。

会社で働く一人ひとりが成長実感を得られることも重要です。ワークライフバランスが保たれていたとしても、仕事の質的負荷が低ければ、「働く環境はよいけれど、成長している実感がわからない」という現象に陥ります。

仕事の質的負荷は、個人の内面と深くひも付いています。マテックスでは、一人ひとりが「マイパーパス」を持ち、これを会社のパーパスに重ね、「自分ごと化」して追求するようにしています。また、内面を高める取り組みの一つとして、「3rdプレイス」の可能性を探っています。

3rdプレイスとは、心の支えになったり活力を与えてくれたりする、「よりどころ」となる人や場所です。江戸時代の浮世草子に登場した「衣食住」という概念がありますが、いまの時代、「衣」よりむしろ「依＝よりどころ」の重要性が増しているのではないでしょうか。ビジネスでも暮らしでも、「よりどころ」が時代のキーワードになっている気がしています。

1stプレイス（＝家）と2ndプレイス（＝職場）の往復から外れたところに、出会ったことのない人に出会える場所、目からうろこの話が聞ける場所があり、そこへ行くと業界や世代を超えて越境できる。そんな3rdプレイスの試みとして、東京・池袋にソーシャルデザインライブラリー「HIRAKU IKEBUKURO 01」をオープンしました。1万冊以上の蔵書を備える私設図書館としての機能のほか、研究会やイベント開催によって人との出会いを創出するなど、新たな「知」に触れられる場所です。

関東一円の10拠点と社員寮1軒をシェア型の地域に開かれた拠点に変えていこうという、「マテックスキャンパス構想」も進行しています。

最終的には、深い内面を持つ人望の厚い大人が、次から次へと出てくるような会社を目指しています。「年功序列」はいまやネガティブなニュアンスを含む言葉になってしまいましたが、それは「年齢」序列になっているから。真の「年功序列」は、「年を重ねて功を積む」。こんな最高なことはありません。尊敬を集める大人がたくさんいる「年功序列」の世界を、業界、社会へと広げていけたらいいですね。●

Corporate Profile

マテックス株式会社

創業	1928年5月
事業内容	ガラス・サッシを主とした建材卸売り、ガラス製造加工、樹脂窓の製造、窓リフォーム事業の開発、地域企業のパーパス導入支援
従業員数	267名（2023年4月1日現在）
VISION	窓から日本を変えていく
経営理念	●窓をつうじて社会に貢献する　●「卸の精神」を貫く ●信用を重んじ誠実に行動する　●浮利を追わず堅実を旨とする ●人間尊重を基本とする

COLUMN

石井 直樹

石井造園株式会社
代表取締役

〈 独自性のある中小企業のサステナビリティ経営 〉

多様なステークホルダーとの
対話会でファンづくり

グローバル潮流で求められるサステナビリティ対応に10年は先んじて取り組んでいる中小企業が横浜にある。

2009年からCO_2排出量の可視化、CSR報告書の発行、

ステークホルダーを一堂に集めての年次CSR報告会、顧客要求事項の達成を図るためアンケートを実施し、

そのすべてをコーポレートサイトで開示。自社に不都合な声も開示する姿勢……。

事業規模としては小さな中小企業が、なぜ世界に先駆けてサステナブルマネジメントに着手できたのか。

Photo: Kimihiro Terao　Text: Shun Kato

軸足は地域貢献
地域とともに歩む

石井造園は、父・石井昭彦が私の生まれた1966年に興した会社です。当時は「有限会社石井園芸」として、園芸植物・園芸用品全般の販売をしていました。私自身は2005年、38歳のときに父から経営を引き継ぎ、2代目として約20年、大船駅近くの横浜市栄区で会社を運営しています。

私がCSRや企業の社会貢献に目を向け始めたのは、社長に就任する前、2000年ごろからでした。栄区役所で観葉植物のリースの仕事を請け負い、2ヵ月ごとに引き揚げる際に、少し傷んでいた植物を処分するのがしのびなく、近隣の養護学校にお譲りしたのがきっかけです。わざわざ買ったものをプレゼントすると無理が出てしまいますが、これなら業務のついでにできるうえ、継続することも苦になりません。

「地域貢献」というと多額の寄付や継続的な支援をしなければと思いがちですが、私たちは「ついでに、無理なく、達成感のある活動」をモットーにしています。時間と費用を大きくかけすぎないので大きな貢献はできませんが、その代わり、数をたくさん無理なくできる小さな貢献を継続していくことを心がけてきました。

それが結果的に、多様なステークホルダーとの出会いを生み、多くの方々とつながる機会を得ることができています。SDGsの目標は、2030年までの課題にとどめるのではなく、これから先も継続していかなければなりません。そのためにも私たち石井造園は、地域貢献に軸足を置いたCSR企業としての社会的責任を果たすことを目指しています。

2009年からはCO_2の排出量の可視化やCSR報告書の発行を開始し、1年に1度、ステークホルダーを一堂に集めてのCSR報告会を開催するなど、最近では多くの方から「サステナビリティのグローバル潮流で求められる対応を他社に先んじて継続してきた会社」とお褒めいただくことがあります。

不都合なことも「見える化」
見られることで、自ら襟を正す

当社のサステナビリティ対応はCSR報告書やステークホルダーを一堂に集めての報告会の開催などの活動が挙げられます。CSR報告書の発行は2009年から着手しています。リーマンショック後、一部の大企業がCSR報告書を作成し始めました。それを見て憧憬の念を抱く反面、こうも分厚い報告書は自社でつくる余力がないし、捨てることもためらわせるうえ、環境負荷も大きいだろうとも感じました。石井造園で出すのなら、カラー両面刷りで、惜しみなく捨てられ、環境負荷が少ないものがいい。そして始めたのが、A3両面カラー刷りの現在のCSR報告書です。

取引企業や地域、関係者への社会的責任を説明する「CSR報告会」の開催も同じ時期から開始しました。報告会では、お客様や協力会社、自治体、地域の方々など多くのステークホルダーに参加いただき、売り上げ目標や環境への取り組み、SDGsへの取り組みなど、年度初めに掲げたCSR目標に対するマネジメントレビューを実施しています。報告会は多くの方に楽しんでいただきたいので、軽食やドリンクなどもお出しするブースや音楽家によるリサイタルを用意したり、当社の活動の展示も併設しています。さながらお祭りのような雰囲気になることを意識して会場づくりをしていますね。

このステークホルダーへの報告会では、石井造園が1年で達成できたこと、できなかったことも含めすべて開示することを意識しています。自社の状況を包み隠さず明かし、検証し、次年度への改善点を示します。参加者の方に「CSR報告会でいい面も悪い面も真摯に開示する姿勢を通して、気づくと石井造園を応援しようというファンになってしまう」と言っていただいたことがありました。同時に、皆様の前で新しい目標を発表し、これから先の一年を見守っていただくお願いをしています。このステークホルダーに一堂に集まっていただく報告会を実施しようという発案は、弊社社員が出してくれたものだということが私にとっては誇らしいことです。

また、顧客要求事項の達成を図るためアンケートを実施し、寄せられた回答はコーポレートサイト上で公開しています。もちろん、中には弊社の対応に不満を抱かれ、改善点を指摘してくださる声もありますが、すべてを公表し、隠すことはしておりません。

不都合なことまですべて含めて「見える化」することの最大の利点は、「見られている感」によって自らを厳しく問い直し、自らの襟を正す機会となることにあります。「見える化」してできていないことを認めたうえで、ではどうするのかと、もう一度自問自答しながら襟を正していく。社長の私だけでなく社員もまた、自然と自身の行動を意識するようになるでしょう。これが「見える化」の最大の利点です。自社に不都合なことを開示することには不安があり、勇気がいりますが、一度開示してしまえば、あとはもう前を向いて、巻き返そうと奮起できるので、多くの企業に実践いただきたいことですね。

自由競争、利益追求のただ中 「地域にやさしい会社」を提唱

なぜ、当社がこうした活動に熱心に取り組むのか理由

を聞かれることがあるのですが、これは私にとってはごく当たり前のことです。というのも、私は幼いころから「石井造園の2代目」として、将来父の跡を継ぐことを前提に育てられました。小学校の文集の時点で「造園会社の社長になる」と記したことを憶えています。当然近隣の方からも「石井造園の2代目」と呼ばれ、それにふさわしい行動を求められました。石井家は江戸時代からこの地域に住んできた家です。昔、この「笠間」という地域には、24軒しか家がなく、石井家はそのうちの1軒でした。私はその12代目にあたります。「石井家当主として、地域の方に迷惑をかけてはいけない」という矜持が、私の血に刻まれているのでしょう。父に強く言われた言葉として、「万が一、経営が行き詰まり、会社をたたむことはあっても、石井家としてこの地域から出ていかなければならない事態だけは、絶対に避けなさい」というものがあります。「お前は石井造園の2代目であると同時に、石井家の12代目でもある。だから家屋敷を売るような大勝負は、決してしてはならぬ」と。

ただ、このような話は、長年続く企業の中では珍しいことではなく、地域との共存を前提として企業活動をしている企業は日本には数多いことと思います。長寿企業にいたっては、「自分（経営者）は、駅伝走者のようなもの。先代から受け取ったたすきを次世代に託すことが役割」と語る人が多いです。そのためには、大きく儲けるばくち的な策に打って出るのではなく、末永く地域に根付いた会社経営を続けなければなりません。

いま企業のサステナビリティ担当者の中には、世界的な枠組みに自社の活動を当てはめることに疲弊している方も多いでしょう。しかし、サステナビリティや地域貢献が企業スローガンに掲げられる以前に、日本の企業は当たり前のように地域とともに生きてきました。これまで当たり前にやってきたことを、世界基準のフレームワークを通して再構築すればいいのです。

もう一つ、出自のほかに、私の行動理念に影響を与えたのは、若い頃に参加していた横浜青年会議所（横浜JC）での活動が大きいように感じます。横浜JC時代は、徹底的にまちづくりと地域のための活動に時間と労力を

費やした日々でした。横浜の価値を上げるためにJCとして何ができるのか、夜中まで議論することも珍しくありませんでした。そして、その集大成となったのが、2005年9月の「第19回横浜経済人会議」で提言した「第21回横浜JCマニフェスト」です。

マニフェストには、地域にやさしい会社を目指し、民間経済人で地域政策シンクタンクを設立することや、「横浜スタンダード型企業認定」を規範とする信頼性の高い証券市場を創設することなどが掲げられ、実現へのフローチャートも示されました。

グローバルスタンダードが「ものの豊かさ」を尺度とした価値基準であるなら、「こころの豊かさ」を尺度とした新しい時代にふさわしい価値基準を、市民・企業・行政がともに構築していくべきだと。このマニフェストは、新しい価値基準である「横浜スタンダード」の構築にもつながっています。

しかし、2005年当時マニフェストで提示された「地域のために役立つような会社になる」という概念は、一般的に受け入れられる感覚ではありませんでした。会社経営とは、自由競争の中で利益を追求すること。地域のた

めに経営していたら、淘汰されてしまうだろうと。

ですから、マニフェスト案が提唱されたとき、JC内では大きな議論になりました。「それはボランティアではないか」「登る山が違うのではないか」と反対が多く、1時間経っても議決が取れないほど常任理事会が紛糾したことを覚えています。

2005年当時新しすぎる価値観として理解されなかった概念が、15年以上経過した現在では世界的にその必要性を問われ、いまや「サステナビリティ」や「地域貢献」は企業のスタンダードとなっています。

「中小企業がここまでやるか」
大企業に圧力をかける

2016年、弊社は日本でほぼ初めて、世界的な広がりを見せるサステナブル認証「B Corp認証」を取得しました。テストは質問形式で、企業統治、従業員、地域社会などの内容で合計200点満点。うち80点以上取れれば合格です。受けてみたところ、106.5点を取得し一度

ステークホルダーを一堂に集めての報告会の様子

写真上：B Corp 認証の貼られた作業車。石井造園は国際的なサステナブル認証「B Corp」を、日本でほぼ初めて取得した企業（2016年1番とは僅差の2番目の取得だった）でもある。2024年1月現在まで、国内で認証を取得できたのは、わずか36社にすぎない。
写真右：石井造園のCSR報告書

で合格できました。認証取得のために、改めて企業としての社会活動を付け加えることもなく、これまで行ってきた企業活動がそのまま評価され、認証されたのです。

「B Corp認証」は、取得できたこと以上にその過程に大きな意義がありました。一つひとつの問いに向き合い、社員と対話を続けることで「いい会社」とは何かを考えるきっかけになりました。地域との関係性が深く、社員との距離が近い一般の中小企業にこそ、取得を検討してほしい認証制度だと思います。

さらに2015年からはスコープ1、2と3の上流の一部をカーボンオフセットしています。過去にはカーボンオフセット証明書も取得しています。これも、最初に提案してくれたのは社員でした。「カーボンオフセットを20万円程度の金額があればできる」と社員から提案されれば、社長としてやらないわけにはいかないでしょう。

われわれのような中小企業が地域貢献やサステナビリティに取り組んだとしても、社会的なインパクトは大きくありません。大企業のように大きな影響力はないでしょう。しかし、石井造園のような中小企業がここまでやっていると示すことで、大企業に対してプレッシャーをかけることはできます。圧力をかけ、間接的に大企業を動かし、ひいては社会を動かすことこそ、私たちの存在意義なのです。

B Corp認証もCSRも、後から決められた枠組みにすぎません。その認証を受けるためにルールどおりの社会貢献を続けることは、本質ではありません。日本企業が取り組むべきは、日本に伝統的に存在する「三方よし」の精神です。

石井造園は、みどりを通じたコミュニティの中心にあり続けること、すなわち未来からの「いいね」のために活動しています。企業の不幸のうえにお客様の幸せがあるわけでもなければ、お客様の不幸のうえに企業の繁栄があるわけでもない。お互いに「今日会えてよかった」と思えるような会社であり続けることが、永続企業につながる道なのです。❶

Corporate Profile

石井造園株式会社

創業	1965年3月26日
事業内容	造園・土木・石・しゅんせつ・とび土工・ほ装・水道施設工事業
従業員数	13名
経営理念	企業活動を通して、幸せを共有する企業を目指す。

サステナビリティマネジメント

いかに「自社らしさ」という資源を深掘りし、サステナビリティマネジメントに生かしていくか。ポイントは過去の延長から未来を予測するのではなく、あるべき未来を丹念に描き、強い意志の下バックキャストすることである。自社らしさを軸に、どのように取り組むべきかを提示していく。

常見 幸平
株式会社NTTデータグループ

鈴木 健司
一般社団法人日本能率協会

実務担当者が「できる」につながる学習プログラムとセミナー

サステナビリティ担当者必見
GHG排出量算定研修

温室効果ガス（GHG）排出量ネットゼロに向け、サプライチェーンを含めた排出量の把握と
実行計画の策定が急務となっている。

こうした中、NTT DATA*、および日本能率協会は、GHG排出量の算定研修を共同開発した。

［聞き手］平川 雅宏　一般社団法人日本能率協会 審査登録センター

Photo: Koo Karoji Text: Shun Kato

国際環境NGO「CDP」のパートナー同士のタッグ 実務担当者に"寄り添う"研修

――まずは、両社でGHG算定研修を設計された背景を教えてください。

常見 グローバル社会のネットゼロ実現に向けて、当グループでもグリーンイノベーション推進委員会が発足し、社員への浸透やサプライヤーエンゲージメント活動など、グループ全体の部門横断的な活動を展開してきました。その一環で、サステナビリティやグリーン関連の資格を設けて研修をデザインするというアイデアが出まして、「どうせやるなら周囲を巻き込みながらやりたい」ということで日本能率協会(以下JMA)にお声がけした次第です。

――両社のつながりの経緯は。

鈴木 CDPパートナーを介してつながりました。JMA地球温暖化対策センター(JMACC)は、京都議定書の下の第三者検証機関であるDOE(指定運営組織)となるために2006年に立ち上がりました。DOEとして活動した2009年から2017年に加えて、設立当時から一貫してGHG排出量・吸収量の検証業務を行ってきました。サプライチェーンを含めたGHG排出量検証の機会が増える中、企業の課題抽出に協力すべく、2022年2月にCDPの検証パートナーとして国内初の認定を受けました。また、SDGs、サステナビリティ関連の研修サービスを2018年から提供しています。

常見 当グループは2022年3月にCDPゴールド認定パートナーになっています。当初から教育や人材育成の重要性をCDPと共有していたこともあり、CDPからJMAをご紹介いただきました。

鈴木 NTT DATAから協業のご提案をいただいたのは、2023年4月ごろでした。私たちは、検証機関としての経験から、脱炭素に取り組む企業の課題に直面していました。一方でNTT DATAは、CDPの保有データを活用したGHG可視化プラットフォーム「C-Turtle®」を提供されています。こうした両社の強みを生かす研修プログラムに今回つながりました。

常見 C-Turtle®とは、当グループが提供する会員制のGHG可視化プラットフォームです。CDPの保有するグローバル企業のGHG排出量情報などをシステム内で活用できる、国内初のサービスです。サプライチェーン上の中小企業にも使いやすいシステムであることに加え、サプライヤーのGHG排出量削減努力を自社排出量に反映できる「総排出量配分方式」を採用していることから、サプライヤーを巻き込みながら排出量を削減できるプラットフォームとなっています。

ネットゼロの実現に向けた取り組みでは、スコープ3、つまりサプライチェーン上の企業のGHG排出量算定が大きな課題となっています。C-Turtle®を導入することで、スコープ3算定の精度を高め、ひいては社会全体のGHG排出量削減の推進につながります。

図表1 GX未来のデザイン研修の流れ

GX未来のデザイン

事前学習(WEB動画)	算定体験	オンライン研修	理解度テスト	オンラインバッジ付与
・国際的な枠組みの動向を取り組みに反映 ・スコープ1、2、3の算定	GHG排出量可視化プラットフォーム「C-Turtle®」を用いたGHG排出量算定	・グループディスカッション ・算定における4アクション		(合格者に)

[特長]受け身だけではない研修スタイル → 身につくための多様なメニューを用意

見て・聴いて ➡ 入力・作成 ➡ 聴いて・話して ➡ フィードバック ➡ 見える化

——サプライチェーン上の企業のGHG排出量算定における課題とは、たとえばどのようなものがあるのでしょうか。

鈴木 スコープ1、2、3の算定を実施している企業でもGHG削減が実質的な中長期的な目標につながっていない、あるいは、中長期目標を立てても具体的な行動計画に落とし込めていないといった課題があります。「GHG排出量削減に向けて何をすべきか」という声をよく耳にします。

常見 サプライチェーン上の中小企業の場合ですと、業界によっては「CDPの存在すら知らない」という企業もまだあります。そもそも「目標を立てたい」という企業が少ない。とはいえ、今後中小企業に対してもサステナビリティ関連の規制が強化される流れは避けられません。まずは課題の認識から入り、サプライチェーン上の企業に寄り添いながら脱炭素化を進めていく必要があります。サプライヤーに向けて一方的に算定と削減をお願いするだけでは不十分で、研修、ツール、第三者保証も含めたワンストップの環境を提供できることが理想です。

大枠の理解から算定体験・ディスカッションまで、無理なく学べるハイブリッド設計

——共同開発したGHG算定研修「GX未来のデザイン」について、研修プログラムの内容はどのようなものになりますか。

鈴木 まずは、WEB動画視聴による事前学習をしていただきます。国際的な気候変動対策の枠組みからスコープ1、2、3の算定の考え方までを学んでいき、そのうえで、C-Turtle®を使った算定体験を通して、GHG排出量の算定に触れていただきます。実際にシステムにエネルギー使用量を入力し二酸化炭素排出量（CO_2量）を把握したり、原単位の用い方を変えることで算定結果がどう変わるかが体験いただけます。

続いて、特定の日時に数十名が集うオンライン研修に参加していただけます。これは、4〜5人単位のグループディスカッションを交えたレクチャーになります。最後に理解度テストがあり、これに合格すると、オープン・バッジ「GX未来のデザイン ベーシック」が付与されます（**図表1、2**）。

——他社のGHG排出量算定ツールやコンサルティングサービスとの違いは、どのような点にあるのでしょうか。

常見 3つあります。1つ目は、実務担当者を主なターゲットとして、理論面での学習とハンズオンセミナーとを組み合わせている点です。自社がGHG排出量算定を行う意義を理解し、算定を体験することで、実務担当者が「できる」と思えるレベルまで持っていきます。

2つ目は、GHG排出量算定の検証業務を担われるほどの知見を持つJMAが講師に立っていること。

3つ目は、日本で唯一、CDPとプラットフォーム連携し

図表2 C-Turtle® の画面とロゴ。C-Turtle® は外部向け「開示」のために企業全体の温室効果ガス排出量の可視化ができるプラットフォームで、本国内における株式会社NTTデータの登録商標

C-Turtle®

- 温室効果ガス総排出量可視化：事業者の活動に関連する他社の排出するスコープ3も含め、温室効果ガスの総排出量を可視化
- CDP保有企業データ活用：国内初、国際環境NGO CDPとデータ資料許諾契約を締結し、企業排出量データを活用
- TCFD開示にも対応：企業に求められる気候変動情報開示だけでなく、自社の排出量削減アクションにも活用

NTT DATA

↕ 日本国内初の
データ使用許諾契約

CDP DATA

グローバル1万社の
排出量データ保有

ているC-Turtle®のサービスを活用できる点です。また、当グループのプロキュアメント部も研修設計に携わっていますので、当グループのサプライヤーの声が反映されている点も特長です。

──研修プログラムの立ち上げや設計で工夫された点がありましたら教えてください。

常見 まずは、研修のターゲットを熟考しました。GHG排出量算定は、実務担当者だけでなく、他部署や経営層までを巻き込みながら進めなければなりません。対象を広げようと思えばかなり広くなってしまいます。3ヵ月ほど議論した末に、「すぐに動かないといけないけれど、やり方がわからない」とお悩みの実務担当者にフォーカスすることにしました。

また、新たなビジネススキームの設計も求められました。当グループもおそらくJMAも、これまでは比較的長期的な法人取引がメインでしたが、今回のプロダクトは、初めてお取引する中小企業がメインになります。そこで、営業人材を介在しない展開方法を考案し、申し込みやすい数万円の価格設定で提供できる新たなスキームをつくりました。

さらに、研修デザインも工夫しました。必要な内容を学び、システムを使った算定まで体験するには、相応の時間を要します。しかしながら、長時間を研修に費やすのは、多忙な実務担当者にとって現実的ではありません。そこで、トータル1日を要する研修内容を3つのパートに分け、各自のタイミングで学べる部分と双方向で学ぶ部分を切り分けて設計しました。

つくり手の感覚だけで進めてニーズに合わないプログラムになるのは不本意でしたので、サプライヤーの声や、サプライヤー向けワークショップを運営していたプロキュアメント部の声も反映して、プログラムをつくりました。

鈴木 本研修の大きな強みは、C-Turtle®との連携、そしてオープン・バッジを付与できることです。研修デザインにおいても、事前学習からオンライン研修への流れをつくるうえでC-Turtle®とバッジにうまくつながるよう設計しました。

また、研修の究極の目的はGHG排出量の削減ですので、「削減を見据えた算定方法が重要」という気づきを得られるストーリーをつくりこみました。「なぜ算定するか」を示すために国際的な動向を説明しつつ、実際に企業が算定で困った事例なども挙げながら、「自分ごと」として捉えてもらえるよう、工夫しています。

常見 幸平 (つねみ こうへい)
株式会社NTTデータグループ コーポレート統括本部
サステナビリティ経営推進室 グリーンイノベーション推進室 課長

「GX未来のデザイン ベーシック」のオープン・バッジ。一般社団法人オープンバッジ・ネットワークが提供する知識・スキル・経験のデジタル証明である

> 「失敗しない」体制構築、将来を見通す視点
> 算定のハウツーにとどまらない学びが満載

──サステナビリティ担当者が、どういった課題や悩み

に直面したときに本研修を検討いただきたいですか。

鈴木 たとえば、「算定手順として何を整理したらよいか。スコープ3の算定方法はこれでよいのか。根拠資料はどこまで必要か」と担当者が悩むケースや、「算定にかかわる人の役割が不明確だったり、データ収集のための体制構築が不十分だったりする」など、さまざまな壁にぶつかったときです。算定から削減を見据えた体制構築ができるように一連の流れをデザインし、新たな視点の気づきにつながる研修としていますので、GHG排出量削減に携わる方に幅広く参加していただけたらと考えております。

2023年10月に実施した研修トライアルでは、「世界的な動向・基準などをわかりやすく学べた」「予備知識がない状態でも理解できる内容だった」といった声が寄せられました。また、「どういう方法で計算したらよいのか知らない状態でしたが、実践できた」など、算定体験を評価する声もいただきました。他方、ディスカッションも含めたオンライン研修については、「グループワークで他社の悩みや解決事例などを聞けて有益だった」という声をいただいております。事前学習、算定体験、双方向のディスカッションなどを組み合わせた一連の研修を評価いただけたようです。

──最後に、研修から得られるメリットを教えてください。

常見 まずは、研修中にC-Turtle®というツールを体験できますので、自信を持って実践に生かせると思います。全体的な大枠を学べることも有益です。「この情報を集めてこうまとめる」というHowを知っている方でも、背景や大枠のWhyを知ることでさらに改善できますし、周囲を巻き込む際の説得力も増します。場合によっては、部下の育成にも活用いただけるのではないでしょうか。

鈴木 算定を担当されている方にとって、実務上の気づきを得られる研修であることです。また、「なぜ算定するのか」についても解説していますので、実務担当者以外の方にとっても有益な視点が得られます。算定する理由や、算定によってもたらされる効果を把握することで、「将来的な削減のためにどのように算定するのか」という、将来を見通す視点、新たな視点を獲得できるでしょう。

鈴木 健司（すずき けんじ）
一般社団法人日本能率協会 地球温暖化対策センター センター長

すでにGHG排出量算定をされている企業でも、「今後どう削減するか」という悩みは共通でしょうから。削減に向けて原単位の選択肢を理解し使用することが必要です。その選択肢を学ぶ機会としてC-Turtle®の体験ができますので、今後のヒントを得るという意味でも、受講していただくメリットがあると考えています。🔵

＊ NTT DATA各社（NTTデータグループ社、NTTデータ社、NTT DATA Inc）の総称。

研修プログラム「GX未来のデザインセミナー〜サプライチェーンを巻き込んだGHG排出量の算定〜（価格：6万8000円［税抜]）」の内容はこちらに詳しく掲載。なお、「GX未来のデザインセミナー」は一般社団法人日本能率協会および株式会社NTTデータユニバーシティの共同商標。

サステナビリティを マネジメントする

中川 優

一般社団法人日本能率協会 主任講師
株式会社オフィスグラビティー 代表取締役

01 サステナビリティ ×マネジメント

「非財務」の存在感が高まる

2023年1月31日に「企業内容等の開示に関する内閣府令」が改正された。現段階では、有価証券報告書に「サステナビリティに関する取り組み等の『記載欄』」を新設したにすぎない。しかしサステナビリティに関する情報はこれまで「非財務情報」と呼ばれていたものだが、上場企業にとってこの改正のインパクトは意外に大きい。

そもそも「サステナビリティ・レポート」は、社会や環境に責任を持つと自認する企業がボランタリーに公表していた。それが今後は開示だけにとどまらず、成果や結果を横並びで比較・評価される対象となるはずだ。とくに採用現場での影響が容易に想定できる。

そのため、SDGsやCSRをはじめとする「サステナビリティ対応」を、"本業の付録"としか考えてこなかった企業、あるいは本腰が入らなかった経営層にとっては、これまでの姿勢を正す好機

とも言える。2000年当初から、国際NPOが熱心に口にしていた「非財務情報を財務と同等に……」が20年の時を経て、いま現実となりつつある。

サステナビリティを マネジメントする時代

今後は財務部門と"同格"の「サステナビリティ部門」が設置・強化されるかもしれない。また「チーフ・ファイナンシャル・オフィサー」（CFO）に加えて「チーフ・サステナビリティ・オフィサー」（CSO）の設置も増加することが予測される。法改正とはそういうことなのだ。

関連情報として、米国ではマイクロソフトなどが「チーフ・アクセシビリティ・オフィサー」（CAO）といった役職を置く動きもあるともいう。この"アクセシビリティ"は社会課題でもある「高齢者・障がい者を含む誰もが支障なく利用できること」を指す。日本でもこのようにサステナビリティの存在感が高まることは間違いない。

そしてもうおわかりだと思うが、い

まや「サステナビリティに取り組む……」時代ではない。そう、「サステナビリティをマネジメントする」ことが本質的に不可欠となってきたのである。

02 サステナビリティ 成功の3つの柱

企業を成長に導く「社会の柱」

サステナビリティ課題を解決し企業が成長するためには、そのマネジメントを支える「3本柱」がある。それは「社会の柱」、「成長の柱」、そして「浸透の柱」である（**図表1**）。

まず「社会の柱」は「社会の変化への対応力」のことである。サステナビリティ課題（言い換えれば社会課題）の"変化に対する感度"を研ぎ澄まし、なんなら"先取り"してマネジメントに取り込む能力と言うことができる。サステナビリティ課題とは、煎じ詰めれば「将来の顧客のニーズ」のことである。それを先取りすることはビジネス戦略の定石だ。

ソニーグループ傘下のソニーでは「2025年度までに、原則すべての商品やサービスを障がい者や高齢者に配慮した仕様にする」*との報道があった。まさに"すべての商品やサービス"を対象にするとした点が"先取りポイント"と言える事例だ。「社会の柱」の肝はサステナビリティ課題を発見する"感度"にかかっている。

SDGsとジャニーズ問題

改めて「サステナビリティ課題」とはいったい何かを考える。

昭和の時代であれば「新聞の社会欄」のニュースがその代表だったので見分けがついた。しかし現代はネットニュース全盛、テレビにおいても報道番組のワイドショー化という現状では、"社会のキーワード"が見えにくい。

その意味でSDGsの存在はありがたかった。「17ゴール」は見出しにすぎないがその下位構造の169のターゲットがサステナビリティ課題のヒントになる。"感度"が高まれば、自社にかかわりのある社会課題に目が利くようになるだろう。

ジャニーズ問題を例にとろう。この問題を「性加害」だけではなく「ビジネスと人権」という文脈で読み解くと、企業としては違った見え方をするのではないだろうか。事実2023年7月24日から12日間、国連の「ビジネスと人権作業部会」の専門官が来日して、本件の調査を行っていた。ビジネスの優越的地位によるイジメもセクハラも、グローバルでは"Human Rights"つまり人権問題との認識だ。

2022年以降、「人権方針」を制定・

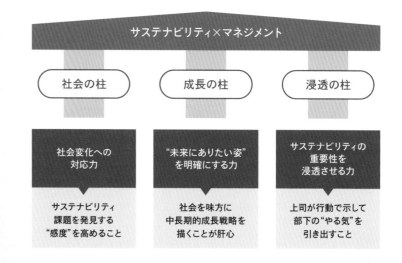

図表1　企業成長に不可欠な3本の柱

サステナビリティ×マネジメント

社会の柱	成長の柱	浸透の柱
社会変化への対応力	"未来にありたい姿"を明確にする力	サステナビリティの重要性を浸透させる力
サステナビリティ課題を発見する"感度"を高めること	社会を味方に中長期的成長戦略を描くことが肝心	上司が行動で示して部下の"やる気"を引き出すこと

開示する企業が増加しているが、自社の方針に照らしてこの問題の対応を検討した企業が一体何社あっただろうか？　その"感性"こそが「社会の柱」の根幹である。

なお「人的資本／人権」は、新設なった「記載欄」の記載対象の候補の一つである。企業にとっても「気候変動」「循環経済」と並び「サステナビリティ3大課題」であることは間違いないだろう（**図表2**）。

第二は「成長の柱」

「成長の柱」は、自社として「"未来にありたい姿"を明確にする力」である。社会の変化に身を任せているだけでは、経済的発展（つまり儲け）はおぼつかない。

そこで未来のビジネスの変化を予測し、自社に関係するサステナビリティ課題を洗い出す。その際、現在の課題（例：社員高齢化、省エネ、資源高騰）よりも未来の課題（例：経済規模縮小、脱炭素、循環経済）を想定し、その課題を先取りしたいのだ。未来の課題の解決は、企業にとって新たな価値創造であるからだ。

洗い出された課題の中で、マネジメントする必要がある「重要課題」（マテリアリティ）を決定する。その評価基準は、たとえば「社会の関心が高い課題」であり、かつ「自社事業を通じて貢献・解決できる可能性のある課題」とするのが一例だ。このように評価すれば、"社会の変化"と"自社が解決したいこと"が重なり合うことになる。

サステナビリティとマテリアリティ

ただ問題もある。どの企業も似た

り寄ったりの「マテリアリティ」になり
かねない点だ。西側諸国の大多数の
企業は「サステナビリティ」という同じ
方面に進んでいるのだから仕方がな
いのだが。

ただSDGsにも17のゴールがあると
しており、各社の最終ゴールは異なっ
てしかるべきである。自社の未来の
探索はアナログな要素も重要であり
「企業の価値観」や「自社らしさ」の
スパイスを効かせた「マテリアリティ」
が望まれる。だから自社にとっての
「マテリアリティ」の上位にある"未来
にありたい姿"の明確化がぜひ必要
なのだ。

1980年までは、欧米に追い付け追
い越せと政府の示す計画に沿って事
業をすれば成長した時代が確かに
あった。しかし1990年以降、日本で
は国も企業も、行き先未定の漂流状
態にある。その証拠に1990〜2020
年の30年間、日本経済が"成長ゼロ"
という事実が物語っている。だから
"未来にありたい姿"とは換言すれば
「未来にどのように成長していたいか」
ということになる。「どこに行けるか」
ではなく「どこに行きたいか」を明確
にするのがこの柱の論点だ。

経済価値と
社会・環境価値の好循環

ところでサステナビリティなのに"成長"
や"儲け"のワードが出てくることに違

和感を覚えた方がいるかもしれない。

ここでハッキリさせたいのだが、社
会・環境課題の対応には、その基盤
となる経済的基盤が不可欠である。
倒産寸前の会社が"サステナビリティ"
を連呼しても、誰も振り向かない。土
台としての「経済的成長」があり、そ
のうえで「社会・環境的成長」が実現
する、またはその逆に「社会・環境
課題」の解決が自社の「経済的価値
を生む」(例：社会課題を解決する商
品開発)という好循環を想像してほし
い。企業の成長が大前提なのだ。

投資や技術を集結する

さて「マテリアリティ」や「未来にあり
たい姿」を明確にした後は、「バックキャ
スティング」を使って「長期計画」を立
てることが有効であると言われている。

通常われわれが目標を立てる際は、
現状を起点にピースを積み上げて立
案することがほとんどだろう。それを
「フォアキャスティング」と呼ぶ。この手
法は一見手堅い方法に見えるが、
SDGsが示唆する「未来は現状の延
長線上にない」とすると、結果的には
"必ず外れる目標"ということになる。

一方「バックキャスティング」のほうは
「未来のありたい姿」を先に設定して、
逆算して計画を置いてゆく。計画立
案時点では手段や方法論は不確実だ
が、世間の注目度が高まれば、そこ
に投資や技術が集まり、計画達成の
障害を取り除くイノベーションが期待
できるとする手法なのだ(図表3)。

現に新型コロナの禍中で「ワクチン
開発」がかなったことは正にその一例
である。このように「成長の柱」では

図表2　サステナビリティ3大課題

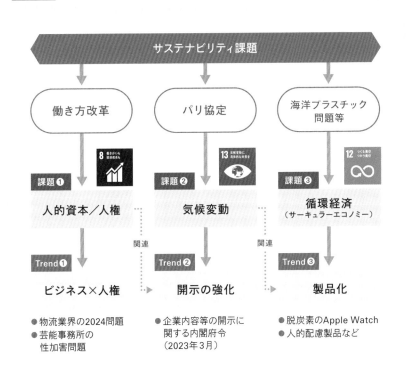

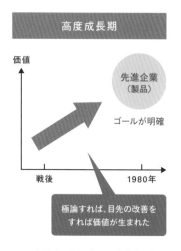

高度成長期

価値

先進企業
（製品）

ゴールが明確

戦後　　　　1980年

極論すれば、目先の改善を
すれば価値が生まれた

1980年代までは、ゴールが明確であっ
たためフォアキャスティングで計画立案
が有効であり、ゆえにオールジャパン
の総力戦で追いつき追い越せた。

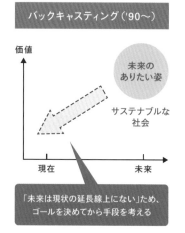

バックキャスティング（'90〜）

価値

未来の
ありたい姿

サステナブルな
社会

現在　　　　未来

「未来は現状の延長線上にない」ため、
ゴールを決めてから手段を考える

一方、頂点を極めた90年以降は、「未来
のありたい姿」を自ら明確に設定して
バックキャスティングで計画を立てない
と「成長」が見込めない。

社会を味方に中長期的に成長戦略を描けるかがカギとなる。

サステナビリティとKPI

さて「マテリアリティ」を具体的に目的等に落とし込む際に「KPI」いわゆる重要管理指標を検討する。KPIは通常は財務の成果を測る指標として使われているが、昨今はサステナビリティの成果（例：再生可能エネルギー比率、女性管理職比率など）にも使われるようになっている。このサステナビリティにかかわるKPIを財務と区別して「社会KPI」と呼ぶことにしよう。

「社会KPI」の必要性は、通常の事業活動に比較してサステナビリティの場合「中長期的（例：2050年にCO$_2$実質ゼロ）」であることから、進捗管理が重要になってくるのだ。

売上高や利益率等の経済とは異なり、これまで社会・環境価値を成果として測った経験値が少ないため、社会KPIの設定には手こずるかもしれないが、最近では多くの企業が「サステナビリティ・レポート」や「統合報告書」の中で好例を掲載しているので参照する価値はあるだろう。

03　サステナビリティにおけるトップの役割

いちばん難しい「浸透の柱」

第3の「浸透の柱」とは、「組織全体にサステナビリティの重要性を浸透させる力」である。企業がサステナビリティ課題に対応したとしても、社員に浸透しないと意味がない。なぜならば、会社として取り組むという意味は、社員が理解し、自分ごととして事業活動の中で実践する必要があるからだ。

結局、「社会の柱」も「成長の柱」も、会社の一部（例：本社のみ）でしか取り組んでいなければ、会社の成長の力にはならない。

浸透にはいくつかの方法論はあるが、まずは社員がサステナビリティ課題に配慮して仕事に取り組むという"やる気"を引き出すことが重要である。詳細は「ミドル層の役割」で後述する。

未来の進むべき方角を指し示す

トップマネジメントは、中長期的な視点から、「サステナビリティ課題」をマネジメントし、企業をどの方向へシフトするつもりなのかを表明する必要がある。企業によっては「サステナビリティ方針」や「SDGs宣言」として開示している。サステナビリティにおいて経営トップが実行する本丸である。

この方針や宣言は、わかりやすく、納得性があり、社内外のステークホルダーの心に響き、同意を得られることが求められる。また「浸透の柱」の重要なツールとしての役割も担っている。

トップの本気度を伝える

筆者がCSRの普及期に経験した事例を紹介する。

松下電器産業（現パナソニックホールディングス）で2000年〜2006年に社長だった故中村邦夫氏は、2003年の「CSR元年」に、担当部門からCSRの取り組みの重要性の説明を一しきり受けた後、「誰を責任者にするか」を問われ、中村氏は「それ、オレの仕事じゃないか」と一言。以降社長が推進するプロジェクトとして始まり、社員にも広く知れ渡ったエピソードとなった。

同時期のオムロンでは、経営者の指示で社員向けに「社会の公器」というズッシリ手ごたえがある紙媒体を制作し、全社員に配付した。すでに社内ネットワーク等がある時代に、である。それを手にした社員はその質感に「社長本気だな」と実感したという（私自身も社員の声を直に聞いている）。

これらのエピソードは、トップの本気度を全社員に響かせる好例としてよく引用されている。

かくのトップの方針も絵に描いた餅になりかねない。

サステナビリティのような価値観や感性と深く関連するような「理念系」のジャンルでは、「言語」ではなく「行動様式」でしか伝わらないと言われている。「行動様式」とは上司の日頃の言動や企業の習慣、具体的な象徴などである。

言葉による説明だけでは逆効果であることがある。ある中小企業を例に挙げる。部長が年頭のあいさつでひとしきり「脱炭素」の重要性を語った後、燃費の悪い高級車で客先に出かけた……という事例だ。この言行不一致を見た若い世代は、経営層を信頼できなくなるそうだ。

WhyとWhatを伝える

サステナビリティをマネジメントするためにはWhy＝なぜ取り組むか？という本質的な理由の説明は不可欠である。そのうえでサステナビリティ課題の解決で得られるWhat＝利点を部員に伝達し、部内で共有することが不可欠となる。とくに「利点」のほうは担当業務によって内容が異なるため、各部門のミドル層が自らの言葉で説明することで浸透力を高める必要がある。

売上のような数値化しやすい経済成果は短期的で認知しやすい。だがサステナビリティ（社会・環境）のほうは3〜5年の中長期視点でないと成果が見えてこない。本音では「サステナビリティなんかでメシが食えるか」と考える社員もいるだろう。ではサステナビリティの成果はどうでもいいかといえば、「社会から必要とされる企業」でないと事業そのものが続かなくなる。したがって、サステナビリティマネジメントの浸透は「時間軸」（短期視点と長期視点）で説明するのがコツである。❗

＊2023年1月19日、日本経済新聞

04 ミドル層の取り組み

理念系は行動で示せ

ESG投資の普及で、サステナビリティはとかく経営陣が大きく意識する課題となってきた。しかし、サステナビリティは事業活動を通じて行うことに意味がある。

経営層の陰に隠れて見えにくくなっているかもしれないが、具体的に事業活動の中でサステナビリティ課題を落とし込んで取り組む実働部隊は、実はミドル層である。そうでないとせっ

PROFILE

中川 優（なかがわ・まさる）

一般社団法人日本能率協会 主任講師
株式会社オフィスグラビティー 代表取締役
1960年石川県金沢市生まれ。青山学院大学
経済学部卒業。TOPPAN（前・凸版印刷株
式会社）本社・トッパンアイデアセンターを経
て、一般社団法人日本能率協会に入職。
1992年より一貫してISO、CSR／SDGs、サ
ステナビリティなどのマネジメント分野の草分
けとして活躍。CSR事業部長、ISO事業部
長などを歴任。2020年定年退職。2022年3
月より現職。石川県観光特使、2030SDGs
公認ファシリテーター、環境経営学会員。

SPECIAL ESSAY　02

サステナビリティを中長期経営計画に落とし込む

野元 伸一郎

一般社団法人日本能率協会 主任講師
みらい株式会社 シニアディレクター

01 サステナビリティと目標設定

サステナビリティは、これまでのビジネスのパラダイムとは異なります。

これまでのビジネスはQCD（品質、コスト、納期）、機能面の特徴を訴求することで、市場、顧客に対し、価値提供を行ってきました。しかし、サステナビリティでは、いかに少ないエネルギーで商品・サービスを提供、差別化し、エネルギーインパクトを低減するかといったことが求められるため、従来のパラダイムとは異なってきます。これらの実現には、時間がかかりますし、社内体制の見直しも必要になります。

よって、中長期的な計画、目標を立案し、サステナビリティ活動を進めていくことが求められます（**図表1**）。

ここで、中長期的に物事を進める2つのアプローチについて考えてみます。

1つ目はフォアキャスティング、2つ目はバックキャスティングです。

フォアキャスティングは、これまでの延長線上でのアプローチで、改善を重ねて進めていくという考え方。たとえば、自動車開発におけるガソリンエンジン車では、根本的なエンジンの構造は変わらないので、さらなる燃費向上のために、軽量化を進めていくようなアプローチであり、計画的に進めやすいものでした。

しかし、電気自動車、燃料電池自動車のような新しいタイプの自動車開発では、従来技術の延長上では不可能となります。ガソリンエンジン車と電気自動車の設計者では求められるミッション、スキルは大きく異なります。当然、採用、育成から会社のシステムを大きく変えていく必要があります。

このようなときにフォアキャスティングでは実現は困難で、計画的に物事を進めにくくなります。

しかし、欧州から環境基準の設定が求められていますから、そのような

図表1　なぜサステナビリティを中期で進めないといけないのか

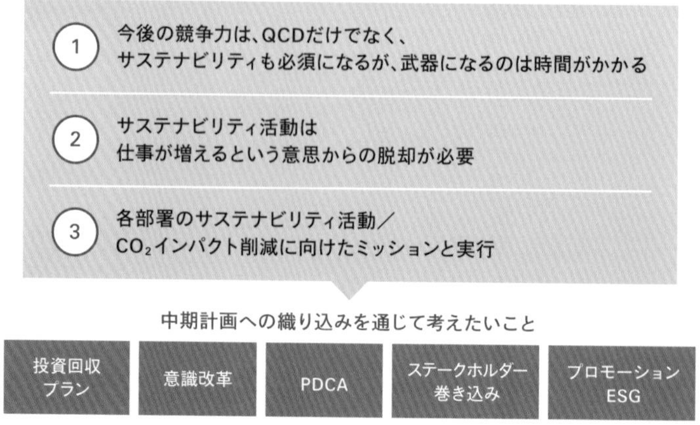

① 今後の競争力は、QCDだけでなく、サステナビリティも必須になるが、武器になるのは時間がかかる

② サステナビリティ活動は仕事が増えるという意思からの脱却が必要

③ 各部署のサステナビリティ活動／CO_2インパクト削減に向けたミッションと実行

中期計画への織り込みを通じて考えたいこと

投資回収プラン	意識改革	PDCA	ステークホルダー巻き込み	プロモーションESG

ペースで進めていくと、ビジネスを失います。このようなときにバックキャスティングが求められるわけです（**図表2**）。

バックキャスティングは、目標となる地点を設定し、そこから逆算して何をすべきかを考える方法であり、未来から現在の課題を考えるアプローチとも言えます。不確実性の高い目標や、明確な正解が存在しないテーマなどに適しています。

よって、サステナビリティ活動はバックキャスティングのアプローチが必要です。

02 中長期経営計画への落とし込み

ここで考えたいのは競争力の源泉にサステナビリティを置きたいということです。

従来のQCD、スペック中心の商品・サービス訴求ではなく、サステナビリティで競争力を訴求したいということです。他社製品・サービスよりも環境性能が高い、環境負荷が低い等、新たなマーケティングの2C（Customer/Competitor）視点を取り入れた競争力を考えたいということです。

これらを実現するには自社での先行開発はもちろん、他社とのオープンイノベーションも必要です。新たな人材の採用やパートナー発掘、サプライヤーとの協業、育成も求められます。社内はもちろん、社外へのプロモーションも積極的に行い、株主の理解、パートナー発掘、市場や市民（ターゲットとなる新入社員含む）に対するプロモーションも必要です。

サステナビリティ計画はバックキャス

図表2 フォアキャスティングとバックキャスティング

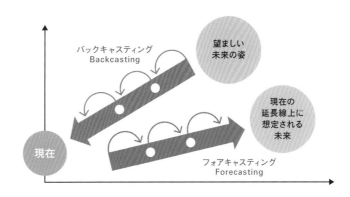

図表3 バックキャストによる活動目標設定と課題抽出
　　　　 〜中長期経営計画から展開したロードマップイメージ〜

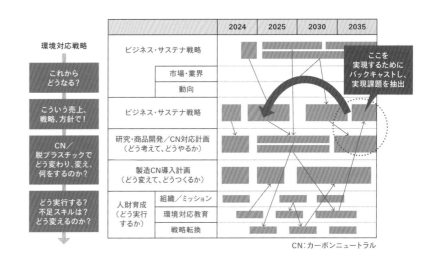

CN：カーボンニュートラル

ティングのアプローチを用いて、中長期経営計画やロードマップへ落とし込んでいくことが必要となります（**図表3**）。

従来の中長期経営計画では、経営目標、商品・サービス企画、収益目標をフォアキャスティングで検討していましたが、バックキャスティングの経営計画では、たとえば2030年や2035年の売上、利益計画と同列に、市場・法的要求や競争力を踏まえたサステナビリティ目標を設定します。これは高い目標になるかもしれません。

しかし、ステップアップしながら実現しないといけません。バックキャスティングでは難しい目標をいかに実現するかの取り組みが必要ですから、サステナビリティ実現のための先行開発計画、パートナーとのアライアンス計

図表4　パートナーとのサステナビリティ戦略協働、協創

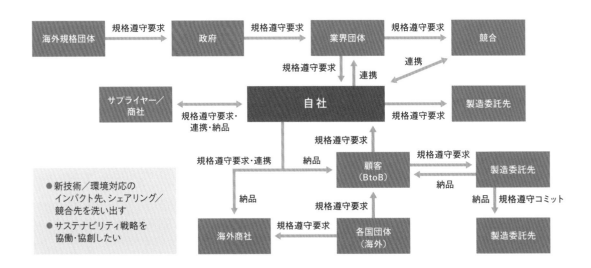

画、設備更新計画はもちろん、人材採用・育成も同時に取り組んでいく必要があります。よって、中長期経営計画／ロードマップの縦軸にはこれらの要素を埋め込み、マイルストーンを実現するためのマネジメントが求められるわけです。

03 横断的な組織づくり

02で描いた中長期経営計画／ロードマップを実現するためには、自社はもちろん、パートナーも交えた横断的な組織づくりが求められます。

自社内でのミッション見直しは最初に行います。ミッション見直しもバックキャストで行うことで、どのようなスキルを持ったメンバーがどれだけ必要かから、人材育成、採用計画にもつな

がっていきます。

たとえば、研究開発・設計者は従来の技術開発・設計だけでなく、CO_2削減の実現、パートナー発掘、先行開発を実施できるスキルが求められます。購買部門はCO_2インパクトの少ない原材料・部品調達、競合分析や、SCM含むサプライヤー支援が必要となり、このような取り組みをパートナーやサプライヤーと協業して行うことが

重要となります。

したがってマネジャーは、このような新たな組織ミッションで最大限の成果が創出できるマネジメントスキルが求められます。これからはこのような取り組みを実施できる企業が、生き残る世界が確実にやってきます。上述したプロセスを理解し、サステナビリティをしっかりと中長期経営計画に落とし込むようにしたいものです。

PROFILE

野元 伸一郎（のもと・しんいちろう）

一般社団法人日本能率協会 主任講師
みらい株式会社 シニアディレクター
元株式会社日本能率協会コンサルティング グローバル開発革新センター長、シニア・コンサルタント、知識工学博士、MOT修士、経営工学修士。専門はR&Dプロセス革新、プロジェクト・マネジメント、ナレッジマネジメント、ASEANビジネス革新等。民間企業、自治体、大学、大学院、高校等でも多数のコンサルティング、研修、講演を行うほか、タイ、ミャンマー等のASEAN諸国にて、日系だけでなく、ローカル企業のコンサルティング、研修にも従事。

サステナビリティ関連用語集

IIRC（アイアイアールシー）　International Integrated Reporting Councilの略。国際統合報告評議会と訳される。イギリスで2010年7月に創立された世界的な非営利組織である。主な活動として、企業の業績などの財務情報だけでなく、環境保全や地域貢献の非財務情報もまとめた情報公開のフレームワークである「統合報告書（Integrated Reporting）」の開発・促進を行っている。サステナブルな投資報告のガイドラインづくりを行うオランダの非政府団体GRIが母体となって発足した。規制当局や、投資家、標準設置機関、会計機関、学術団体、日本取引所グループのほか、世界23ヵ国の有力企業約90社が参加している。

ISSB（アイエスエスビー）　International Sustainability Standards Boardの略。「国際サステナビリティ基準審議会」と訳される。ESGなどを含む非財務情報の開示の重要性が増す中で、投資家、企業、国際政策立案者（G20、G7、IOSCO、金融安定理事会など）からの要請により、ESG（環境・社会・ガバナンス）などを含む非財務情報開示を行う際の統一された国際基準策定機関として、2021年11月に発足。

IPCC（アイピーシーシー）　Intergovernmental Panel on Climate Changeの略。日本語では「気候変動に関する政府間パネル」と訳される。世界気象機関（WMO）および国連環境計画（UNEP）により1988年に設立された政府間組織で、2022年3月現在、195の国と地域が参加している。3つの作業部会（ワーキンググループ：WG）と1つのタスクフォース（TF）が置かれている。各役割は次のとおり。WG1：気候システムおよび気候変動の自然科学的根拠についての評価。WG2：気候変動に対する社会経済および自然システムの脆弱性、気候変動がもたらす好影響・悪影響、気候変動への適応のオプションについての評価。WG3：温室効果ガスの排出削減など気候変動の緩和のオプションについての評価。TF1：温室効果ガスの国別排出目録作成手法の策定、普及および改定。

アップサイクル　いまあるものを利用して別の用途のものに作り替え、付加価値を与えることを意味する概念。1994年頃、ドイツで住宅の解体事業における建築物の再利用などに取り組んでいたライナー・ピルツが、「Salvo NEWS」というメディアのインタビューで言ったことが始まりとされる。

RE100（アールイーヒャク）　Renewable Energy 100%の略。事業活動で消費するエネルギーを100%再生可能エネルギーで調達することを目標とする国際的イニシアチブ。国別参加企業数では、日本はアメリカ93社につぐ66社が参加している（2022年3月現在）。認めている再生可能エネルギーは、風力、地熱、太陽、持続可能に調達したバイオマス（バイオガスを含む）、持続可能な水力で、水素エネルギーは認めていない。バイオマスと水力については持続可能なもののみ認めており、また第三者認証も求められる。

ESG投資（イーエスジートウシ）　環境や社会に配慮して事業を行い、適切なガバナンス（企業統治）がなされている会社を評価して行う投資のこと。こ

れまでは主にキャッシュフローや利益率などの定量的な財務情報を活用して投資が行われてきたが、さらに非財務情報であるESGの要素を考慮して投資を行う。ESGという言葉は、2006年に国連が機関投資家に対し、ESGを投資プロセスに組み入れる「責任投資原則」（PRI）を提唱したことをきっかけに広まった。ESG投資の多くは、日経平均やTOPIXなどと同様のインデックスによって行われる。企業のESGの取り組みがESG評価機関に評価され、スコア化されるとESG投資のインデックスに組み入れられる。

ESG評価機関（イーエスジーヒョウカキカン）　ESGスコアを算出・公開する機関。世界中に数百あるとされ、その形態もNGOから民間金融グループなどさまざまある。日本取引所グループでは企業のESG関連情報の収集、分析、評価等を行っているESG評価機関・データプロバイダとして、次の機関を挙げている。「アラベスクグループ」「ブルームバーグ・エル・ピー」「CDP」「Fitch Solutions」「FTSE Russell」「ISS ESG」「Moody's」「MSCI」「グッドバンカー」「日本経済新聞社（日経NEEDS）」「リフィニティブ（ロンドン証券取引所グループ）」「S&Pグローバル」「Sustainalytics」「東洋経済新報社」「Truvalue Labs」。

イニシアチブ　Initiative。英語で主導権や計画を意味するが、ESGやサステナビリティ用語としては、「新たな取り組み」や「構想」「戦略」を意味する。SDGsや国連グローバル・コンパクト、国際労働機関（ILO）、CDP、RE100、国際経済フォーラムなどが当てはまる。

IFRS（イファース）　International Financial Reporting Standardsの略。「国際財務報告基準」と訳される。International Accounting Standards Board（IASB）：国際会計基準審議会が策定する会計基準。従来会計基準は国によって違っていたが、企業のグローバル化によって会計基準を統一する動きが現れ、1973年、前身の国際会計基準委員会（International Accounting Standards Committee＝IASC）がInternational Accounting Standards＝IASという国際会計基準の開発に着手。その後IASBのIFRSに引き継がれた。アイファースとも呼ばれる。

インパクト投資（――トウシ）　投資リターンと社会的、環境的インパクトを同時に生み出すことを意図するESG投資手法の1つ。対象となる社会課題は、SDGsにて列挙されているような貧困・食料問題や気候変動などがある。

インパクト評価（――ヒョウカ）　事業が対象社会にもたらした変化（インパクト）を定量的・定性的に把握（可視化）し、その事業や活動について評価する方法。従来社会的事業は、「どのような対象者に対して、何人くらいの規模でどんなサービスを提供したか」といった「アウトプット」（結果）について報告することが一般的だった。対して近年は「その事業を実施したことで、どのような変化が社会に起きたのか」という「アウトカム」（成果）を評価することが国際的な潮流となっており、このアウトカムを評価する手法がインパクト評価である。日本で

もインパクト投資における基本的なガイドラインが策定されている。

EcoVadis（エコバディス）　サプライヤーの「持続可能なサプライチェーン管理」を評価するフランスの評価機関。他のイニシアチブが機関投資家向けの開示であるのに対し、エコバディスは企業向けの開示を扱い、サプライヤー（仕入先）のバイヤー（買い手）に向けた情報開示要素が強い。

S&Pグローバル・サステナビリティ・イヤーブック（エスアンドピー――）　ESG投資分野の世界的な調査・評価会社のS&Pグローバル社が、世界の主要な企業を対象に企業のサステナビリティをスコア化し、毎年各産業において評価の高い上位15%の企業をYearbook Memberとして選定した年鑑のこと。

SEC（エスイーシー）　Securities and Exchange Commissionの略。1934年に設立された米国の市場監視機関（連邦政府機関）で、日本では「証券取引委員会」と呼ばれる。株式や債券などの証券取引の監督・監視を行っている。

SHK制度（エスエイチケーセイド）　「地球温暖化対策の推進に関する法律」に基づく「温室効果ガス排出量算定・報告・公表制度」のこと。

SX（エスエックス）　➡ サステナビリティ・トランスフォーメーション

SFDR（エスエフディーアール）　Sustainable Finance Disclosure Regulationの略。2021年3月10日に施行された欧州のサステナブルファイナンス開示規則。

SDGs（エスディージーズ）　Sustainable Development Goalsの略。「持続可能な開発目標」と訳されている。持続可能な開発のための2030アジェンダとして2015年に国連総会で採決された。2030年までに持続可能でよりよい世界を目指す国際目標。17のゴール・169のターゲットから構成され、地球上の「誰一人取り残さない（leave no one behind）」ことを誓って各国政府のリーダーシップの下、取り組みがなされている。

SBT（エスビーティー）　➡ 科学に基づく削減目標

FSB（エフエスビー）　Financial Stability Boardの略。金融安定理事会のこと。1999年に設立された金融安定化フォーラム（FSF＝Financial Stability Forum）を前身とし、FSFを強化・拡大するかたちで2009年4月に設立された。金融安定理事会には、2022年末時点で、主要25ヵ国・地域の中央銀行、金融監督当局、財務省、主要な基準策定主体、IMF、世界銀行、国際決済銀行（BIS）、OECD（経済協力開発機構）等の代表が参加している。

MSCI ESG格付け（エムエスシーアイ・イーエスジーカクヅケ）　企業がESGリスクをどの程度管理できているかを分析し、評価するもの。運営するMSCIは、世界中の数千社の環境、社会、ガバナンスに関連する企業の業務について、詳細な調査、格付け、分析を提供しているアメリカの会社。

LCA（エルシーエー）　Life Cycle Assessmentの略。製品やサービスに必要な原料の採取から、製品が使用され、廃棄されるまでのすべての工程で

の環境負荷を定量的に評価すること。

LGBTQ (エルジービーティーキュー)　Lesbian (レズビアン)、Gay (ゲイ)、Bisexual (バイセクシュアル)、Transgender (トランスジェンダー)、Queer (クィア)／Questioning (クエスチョニング) の頭文字を取って名付けられた、幅広いセクシュアリティ (性の在り方) を総称する言葉。クイアは生まれたときの性別と性の同一性が一致している人以外全体を指すことが多い。

温室効果ガス (オンシツコウカ——)　太陽光で暖まった地表面からの放射熱 (赤外線) を宇宙へ逃がさず、大気中に吸収する性質を持つガスのこと。GHG (Greenhouse Gas) とも略される。排出削減の対象になっているのは次のとおり。二酸化炭素 (CO_2)、メタン (CH_4)、一酸化二窒素 (N_2O)、ハイドロフルオロカーボン類 (HFCs)、パーフルオロカーボン類 (PFCs)、六フッ化硫黄 (SF_6)、三フッ化窒素 (NF_3)。

科学に基づく削減目標 (カガクニモトヅクサクゲンモクヒョウ)　パリ協定が求める水準と整合した企業が設定する温室効果ガス削減目標のこと。SBT (Science Based Target) とも略される。

ガバナンス　企業が法令や規則を遵守させるための管理体制のこと。

ガバナンスコード　上場会社が、株主をはじめ顧客・従業員・地域社会等の立場を踏まえたうえで、透明・公正かつ迅速・果断な意思決定を行うための仕組みのこと。2015年3月5日に、金融庁と東京証券取引所が共同で「上場企業における不祥事の防止」「日本の国際的な競争力の強化」を念頭においた「コーポレートガバナンス・コード原案」を公表。その後、東京証券取引所において関連する上場規則等の改正が行われ、「コーポレートガバナンス・コード」が制定された。以後も改定がなされている。

カーボン・オフセット　日常生活や経済活動において避けることができない二酸化炭素 (CO_2) 等の温室効果ガスの排出について、できるだけ排出量が減るよう削減努力を行い、どうしても排出される温室効果ガスについて、排出量に見合った温室効果ガスの削減活動に投資することなどにより、排出される温室効果ガスを埋め合わせるという考え方。

カーボン・クレジット　企業が森林の保護や植林、省エネルギー機器導入などを行うことで生まれた二酸化炭素 (CO_2) などの温室効果ガス (GHG) の削減効果 (削減量、吸収量) をクレジット (排出権) として発行し、他の企業などとの間で取引できるようにする仕組み。炭素クレジットとも呼ばれる。

カーボン・ニュートラル　二酸化炭素 (CO_2) をはじめとする温室効果ガス (GHG) の排出量 から、植林、森林管理などによる吸収量を差し引いて、合計を実質的にゼロにすること。日本は2013年度を基準として2030年度までに26.0%を削減することになっている。

カーボン・ネガティブ　二酸化炭素 (CO_2) の排出量よりも吸収量が多い状態。この言葉のきっかけとなったのは、2020年にマイクロソフトが行った「2030年までにカーボンネガティブを実現するこ

と」という宣言から。カーボン・マイナスと同じ意味で使われることが多い。

カーボン・フットプリント　商品・サービスのライフサイクルの各過程で排出された「温室効果ガス (GHG) の量」を追跡し、得られた全体の量を二酸化炭素 (CO_2) 量に換算して表示すること。

カーボン・プライシング　企業などの排出する二酸化炭素 (CO_2) に価格をつけ、それによって排出者の行動を変化させるために導入する政策手法。

カーボン・ポジティブ　人間が活動によって排出するGHG (主に二酸化炭素 (CO_2)) の量よりも多く吸収することを指す。カーボンマイナス、カーボン・ネガティブがGHGの排出量に着目しているのに対し、吸収量に着目した取り組み。

カーボン・マイナス　地球上の二酸化炭素 (CO_2) 総量を減少に導くこと。カーボン・ニュートラルがCO_2の排出量と吸収量をイコールにするのに対して、より意欲的な取り組みでCO_2排出量をマイナスにすること。カーボン・ネガティブと言われることもある。

環境保全支出 (カンキョウホゼンシシュツ)　企業活動などに伴って発生する環境負荷を低減させることを目的とした費用や、それに関連した費用のこと。環境コストとも言われる。

企業価値 (キギョウカチ)　会社の経済的価値。具体的には会社が将来にわたって生み出すキャッシュフローの現在価値を指すことが多いが、誰に帰属するかによって、株主にとっての株主価値、事業全体の価値である事業価値などに分かれる。誰にとっての価値を求めるのかによって用いる指標が大きく異なるため、算定の際には注意が必要である。

強制結婚 (キョウセイケッコン)　当事者の一方または両方が、同意なしに、または自分の意思に反して行われる結婚のこと。とくに問題とされているのは未成年の強制結婚で、ユニセフでは18歳未満、それに相当する結婚を児童婚として定義し、注視している。SDGsにおいては2030年までに児童婚を撲滅することが掲げられている。

強制労働 (キョウセイロウドウ)　処罰の脅威の下に強要され、かつ自らの自由意思ではない一切の労務を指す。「Global Estimates of Modern Slavery: Forced Labour and Forced Marriage」によると2021年時点で世界中で2800万人がいるとされる。ILO (国際労働機関) で採択された「強制労働に関する条約 (第29号)」では、強制労働を基本的人権の侵害と定めた。日本もこの条約に批准している。グローバルな事業展開を行っている企業にとって、サプライチェーン上で起こりうる大きな人権問題の一つ。

金融安定理事会 (キンユウアンテイリジカイ)
➡ FSB

グリーンウォッシュ　環境に配慮した、またはエコなイメージを思わせる「グリーン」と、ごまかしや上辺だけという意味の「ホワイトウォッシュ」を組み合わせた造語。とくに明確な根拠もなく「環境にやさしい」「エコ」などをうたった商品などがその例とされるが、天然素材やリサイクル素材を使った衣類がその製造過程でGHGを大量に排出していることを隠していたり、特定の化学薬品を使っていないことを

アピールするが、それ自体が何年も前に法律で禁止されているものだったりするのもグリーンウォッシュである。

現代の奴隷 (ゲンダイノドレイ)　脅迫、暴力、強制、欺瞞、権力の濫用によって、本人が拒否することも離れることもできない搾取の状態にある人々。強制労働や強制結婚がその代表。ILOと国際人権団体ウォーク・フリー、国際移住機関 (IOM) が2022年に発表した「Global Estimates of Modern Slavery: Forced Labour and Forced Marriage」によると、2021年時点で世界に約5000万人が現代奴隷として生活しているとされる。うち強制労働は2800万人、強制結婚は2200万人おり、強制労働の86%が民間部門で発生しているとする。現代奴隷が注目されたのは、2015年に英国で成立した「英国現代奴隷法」からだとされる。

国連グローバル・コンパクト (コクレン——)　国連と民間企業・団体が手を結び、健全なグローバル社会を築くための世界最大のサステナビリティイニシアチブ。署名する企業・団体は、人権の保護、不当な労働の排除、環境への対応、腐敗の防止にかかわる10の原則に賛同する企業トップ自らのコミットメントの下に、その実現に向けての努力を継続することになる。

コレクティブインパクト　社会課題に対して、単一セクターの経営資源や組織能力により解決するのではなく、企業、非営利組織、行政、市民など多くのセクターが境界を越え相互に強みやノウハウをもち寄りながら課題解決や大規模な社会変革を目指すアプローチのこと。協働に近い概念だが、目的・手段・道筋・具体的な達成のポイントを明示していること、達成状況や現状が客観的にわかる数値データを用い、進捗がわかるようになっていることなど手法や進捗が可視化され、客観的に把握できることに違いがある。

サーキュラーエコノミー　循環型経済ともいう。3R (リデュース、リユース、リサイクル) を進めながら、新たなビジネスモデルを創出し、環境と経済成長の両立を図る考え方。その構想は日本においては1990年代から「エコタウン構想」などで進められてきたが、近年は気候変動対応が強化される中、カーボンニュートラルとサーキュラーエコノミーが強調されるようになった。

財務資本 (ザイムシホン)　➡ 6つの資本

サステナビリティ・トランスフォーメーション　Sustainability Transformation。社会のサステナビリティ (持続可能性) と企業のサステナビリティを「同期化」させていくことで、そのために必要な経営・事業変革 (トランスフォーメーション) を行うこと。変革を意味する「X (エックス)」を充ててSXと略される。事業の変革を意味するが、主目的は持続的な変革を通じた長期にわたる価値創造にある。

サステナビリティ・リンク・ローン　借り手のサステナビリティ・パフォーマンスの向上を促すために、借り手のESG戦略と整合した取り組み目標 (サステナビリティ・パフォーマンス・ターゲット) を設定し、その達成状況に応じて、借入人にインセンティブが発生するローンのこと。国際的な指針である「サステナビリティ・リンク・ローン原則」によりフレームワークが制定されている。

サステナビリティ・レポート　持続可能な社会の実現につながる企業の取り組みを開示する目的で作成された報告書のこと。財務情報と非財務情報を統合し、企業の価値創造の全体像を説明する「統合報告書（Integrated Report）」という形で発行されることも。作成に活用されるガイドラインは「GRIスタンダード」などが有名。統合報告書作成に活用されるガイドラインには、IFRS財団が推奨する「国際統合報告フレームワーク」や経済産業省の「価値協創ガイダンス」がある。

SASB（サスビ）　Sustainability Accounting Standards Boardの略。2011年に米国のサンフランシスコを拠点に設立された非営利団体「サステナビリティ会計基準審議会」をいう。企業の情報開示の質向上に寄与し、中長期視点の投資家の意思決定に貢献することを目的に、将来的な財務インパクトが高いと想定されるESG要素に関する開示基準を設定している。

GRI（ジーアールアイ）　Global Reporting Initiativeの略。サステナビリティに関する国際基準と情報公開の枠組みを策定することを目的とした国際的非営利団体。国連環境計画（UNEP）が公認する団体として、1997年設立。2000年に包括的なサステナビリティ報告書のための最初の世界的な枠組みを構築し、GRIガイドライン初版を発表。GRIの提供するサステナビリティ基準は「GRIスタンダード」と呼ばれ、世界中のサステナビリティ・レポートに利用されている。

J-クレジット（ジェイ──）　省エネルギー設備の導入や再生可能エネルギーの利用による二酸化炭素（CO_2）等の排出削減量や、適切な森林管理によるCO_2等の吸収量を「クレジット」として日本政府が認証する制度。

JCI（ジェイシーアイ）　Japan Climate Initiativeの略。日本語では「気候変動イニシアチブ」と訳される。2018年7月に、気候変動対策に積極的に取り組む企業や自治体、NGOなどの情報発信や意見交換を強化するため、ゆるやかなネットワークとして設立された。

GHG（ジーエイチジー）　Greenhouse Gasの略。➡温室効果ガス

CSR（シーエスアール）　Corporate Social Responsibilityの略。「企業の社会的責任」と訳される。企業が社会的存在として果たすべき責任のことで、①説明責任②透明性③倫理的な活動④ステークホルダーの利害の尊重⑤法の支配の尊重⑥国際行動規範の尊重⑦人権の尊重、の7つの原則から成り立つ。CSRに基づく事業運営においては、1）経済面（経済的業績、配当や内部留保、利益配分の在り方）だけでなく、2）環境面（環境経営、環境に配慮した商品開発ほか）、3）社会面（人権問題、地域社会との共生、製品の安全性、従業員の福利厚生ほか）の3つのトリプルボトムラインに配慮しつつ、自然環境や社会の持続可能性を高めることが大切とされる。2010年11月には企業以外のあらゆる組織に適用される国際規格のISO26000が発行されている。

CSV（シーエスブイ）　Creating Shared Valueの略。日本語で「共有価値の創造」を意味し、これを軸とした経営をCSV経営という。経済的価値と社会的価値の両立を図る経営で、米国の経営学者マイケル・ポーターとマーク・クレーマーが、2011

年に提唱した。

GWP（ジーダブリュピー）　Global Warming Potentialの略。「地球温暖化係数」と訳される。二酸化炭素（CO_2）を基準にして、ほかの温室効果ガスがどれだけ温暖化する能力があるか表した数字のこと。計算方法については統一されたものがなく、気候変動に関する政府間パネル（IPCC）の報告書でも毎回数値が変わっている。ただ国連気候変動枠組条約や京都議定書第二約束期間においては第4次評価報告書（2007年）による地球温暖化係数を用いることになっている（100年間での計算）。二酸化炭素に比べ、メタンは25倍、一酸化二窒素は310倍、フロン類は数千〜1万倍温暖化する能力がある。

CDP（シーディーピー）　2000年に発足した英国の慈善団体が管理する非政府組織「Carbon Disclosure Project」の略。投資家、企業、国家、地域、都市が自らの環境影響を管理するためのグローバルな情報開示システムを運営。日本では2005年に発足している。開示要請を受託している投資家は全世界で700機関超。運用資産総額は130兆米ドル超。

自然資本（シゼンシホン）　➡6つの資本

児童労働（ジドウロウドウ）　子どもの教育機会や健全な成長を妨げる労働をいう。ILOでは義務教育を妨げる15歳未満の子どもの労働と、18歳未満の危険で有害な労働を児童労働と定義しており、主に劣悪な環境での長時間労働、親の借金の形に無給で働かせる債務労働、人身売買による性産業での強制労働、子ども兵として軍事行動に参加させることが挙げられる。ユニセフとILOが2021年6月に発表した「Child Labour: Global estimates 2020, trends and the road forward」によれば、全世界で働く子ども（5〜17歳）の数は、途上国を中心に1億6000万人（男子9700万人、女子6300万人）いると推計されている。

社会関係資本（シャカイカンケイシホン）　➡6つの資本

人的資本経営（ジンテキシホンケイエイ）　人材を「資本」として捉え、その価値を最大限に引き出すことで、中長期的な企業価値向上につなげる経営の在り方。当初は、個人が後天的に習得した知識や専門的技能によって生み出される経済的収益性に注目した考え方が一般的だったが、徐々に生まれ持った能力や資質まで資本としてみなされるようになった。たとえばOECD（経済協力開発機構）は人的資本の定義を拡大し、2001年の報告書では人的資本を「個人的、社会的、経済的厚生の創出に寄与する知識、技能、能力および属性で、個々人に備わったもの」と定義している。

水平リサイクル（スイヘイ──）　使用済み製品を原料として用いて、再び同じ種類の製品を製造するリサイクルのこと。

スコープ3カテゴリ（──スリー──）　ある企業から見たときのサプライチェーンの上流と下流から排出されるGHGを対象とするのがスコープ3。それゆえサプライチェーンの長い産業構造を持つ業界や企業では、その算出と対応がより難しくなる。スコープ3には次の15のカテゴリがある。①購入した製品、サービス②資本財③スコープ1、2に含まれない燃料およびエネルギー活動④上流の輸送・

配送⑤事業から出る廃棄物⑥出張⑦雇用者の通勤⑧上流のリース資産⑨下流の輸送・配送⑩販売した製品の加工⑪販売した製品の使用⑫販売した製品の廃棄⑬下流のリース試算⑭フランチャイズ⑮投資（ファイナンスなどの運用も含む）プラスその他（任意：従業員の日常生活など）。

スコープ1、スコープ2、スコープ3（──ワン、──ツゥ、──スリー）　GHGの排出量の算定・報告のために定められた国際的な基準「GHGプロトコル」で示されているGHGのカテゴリ区分。燃料の燃焼や、製品の製造などを通じて企業・組織が「直接排出」するGHGがスコープ1。他社から供給された電気・熱・蒸気を使うことで、間接的に排出されるGHGがスコープ2。スコープ3は、仕入れた原料から販売後の利用、その後の廃棄にいたるまでの間に排出されるGHGを指す。

スチュワードシップコード　投資先企業の持続的成長を促し顧客や受益者の中長期的なリターンを拡大することを目的とした機関投資家の行動原則をいう。2010年に英国で策定されたのが最初で、「日本版スチュワードシップコード」は、2014年に金融庁によって策定された。法的拘束力に縛られない自主規制であるが、「コンプライ・オア・エクスプレイン（Comply or Explain）」ルールが用いられ、各原則を遵守するか、遵守しないのであればその理由を説明するように機関投資家に求めている。機関投資家が実行すべき7つの原則から成る。

ステークホルダーエンゲージメント　企業がステークホルダーのことをよく理解し、ステークホルダーの関心事を事業活動と意思決定プロセスに組み込んで組織的な行動として展開する取り組みのこと。

SMART（スマート）　KGI（Key Goal Indicator：重要目標達成指標）を設定するために使われるフレームワークの1つ。「S＝Specific（具体性）」「M＝Measurable（計測可能）」「A＝Achievable（達成可能性）」「R＝Relevant（関連性）」「T＝Time-bound（期限のある）」の5つから成る。

製造資本（セイゾウシホン）　➡6つの資本

ダイバーシティ・エクイティ&インクルージョン　Diversity＝多様性、Equity＝公平性、Inclusion＝包摂性を意味する。DEIとも表記される。従来企業が取り組んできた「ダイバーシティ&インクルージョン」に公平性を加えた概念で、多様な人材を適切に生かす人的資本経営の在り方として広がっている。公平さを表す言葉としては「平等」が使われるが、平等な条件が必ずしも不平等を是正しているわけではない。たとえば「りんごを収穫する」という目的に対して、それぞれの収穫者に同じ高さの台を用意することは一見平等であるが、個人の身長差にあった台が用意されなければ、全員がりんごを収穫できない。このときそれぞれの身長差にあった台を用意することが、公平性となる。

炭素国境調整措置（タンソコッキョウチョウセイソチ）　気候変動対策をとる国が、同対策の不十分な国からの輸入品に対し、水際で炭素課金を行うこと。自国からの輸出に対して水際で炭素コスト分の還付を行う場合もある。

炭素税（タンソゼイ）　石炭・石油・天然ガスなどの化石燃料に、炭素の含有量に応じて税金をかけ

る環境税の一つ。環境税を課すことで、化石燃料やそれを利用した製品の製造・使用の価格の引き上げにつながり、その結果需要抑制を促し、二酸化炭素（CO_2）排出量を抑える効果が狙える。日本では「地球温暖化対策のための税」として2012年に導入されている。

TNFD（ティエヌエフディ）　「Taskforce on Nature-related Financial Disclosures」の略で、「自然関連財務情報開示タスクフォース」を意味する。企業・団体が自身の経済活動による自然環境や生物多様性への影響を評価し、情報開示する枠組みの構築を目指すもので、企業のビジネス活動が生物多様性にどのようにかかわっているかを「見える化」し、資金の流れが自然再興に貢献できるようにする取り組み。

TCFD（ティシーエフディ）　Task Force on Climate-related Financial Disclosures の略で、「気候関連財務情報開示タスクフォース」と訳される。G20の要請を受け、金融安定理事会が気候関連の情報開示および金融機関の対応をどのように行うかを検討するために設立された。企業等に対し、気候変動関連リスクおよび機会に関する①ガバナンス：どのような体制で検討し、それを企業経営に反映しているか②戦略：短期・中期・長期にわたり、企業経営にどのように影響を与えるか。またそれについてどう考えたか③リスクマネジメント：気候変動のリスクについて、どのように特定、評価し、またそれを低減しようとしているか④指標と目標：リスクと機会の評価について、どのような指標を用いて判断し、目標への進捗度を評価しているか、の行動を推奨している。

DJSI（ディージェイエスアイ）　Dow Jones Sustainability Indicesのこと。1999年に米国のS&P Dow Jones Indices 社とスイスのRobecoSAM 社が共同開発した投資家向けのインデックスで、グローバルベンチマークとしては世界初。ESGの観点から世界の主要企業のサステナビリティを評価し、優れた企業をDJSI銘柄として選定している。グローバル、地域別、および国別のインデックスで構成。ダウ・ジョーンズ・サステナビリティ・インデックスの呼称も使われる。

統合報告書（トウゴウホウコクショ）　企業の売上や資産など法的に開示が定められた財務情報（売り上げや利益、資産など）に加え、企業統治や社会的責任（CSR）、知的財産などの非財務情報（企業理念、ビジョン、ビジネスモデル、技術、ブランド、人材、ガバナンス、CSR、SDGsなどの取り組み）をまとめた報告書。欧米を中心とした海外機関投資家が投資の際、企業の社会的責任を重要視し始めたことを契機に海外の企業で財務情報と非財務情報をまとめて発行するようになった。近年はサステナビリティについての取り組みをアピールすることによって、ESG投資を呼び込んだり、投資撤退を回避する目的がある。

トライセクターリーダー　民間、公共、市民社会の3つのセクターの垣根を越えて活躍、協働するリーダーのこと。トライセクター・アスリートともいう。協業で価値を生み出す、CSVのような取り組みを推進するためには、政府だけでなく、NGO・NPO、国際機関などとの連携が不可欠であり、こうした状況においてトライセクターリーダーの活動が重要となる。

ネイチャーポジティブ　ノーネットロスの考え

をポジティブな方向に転換する考えで、損失傾向にある自然を回復基調にさせる考え方。GHG排出削減のカーボンポジティブと同様の考え方。

ノーネットロス　企業などの事業活動が生物多様性に与える負の影響を最小化しながら、生物多様性の復元に向けた活動を行い、生態系全体での損失を相殺する考え方で、実質的に自然損失をゼロにする概念。GHG削減におけるカーボンゼロと同様の考え方。

排出ネットゼロ（ハイシュツ――）　➡ カーボンニュートラル

パーパス　英語では目的や意図といった意味だが、サステナビリティ用語では、企業の存在意義を意味する。「自社は何のために存在するのか」「その事業をやる理由は何か」といった根源的な問いの答えとなるもの。企業にとってはパーパス（存在意義）が明確化、共有されたうえで、「Mission（ミッション）＝企業の使命」、「Vision（ビジョン）＝あるべき姿」、「Value（バリュー）＝提供価値・行動基準」に展開される。

PRI（ピーアールアイ）　Principles for Responsible Investmentの略。「責任投資原則」と訳される。機関投資家が投資の意思決定プロセスや株主行動において、ESG課題（E：環境、S：社会、G：企業統治）を考慮することを求めた6つの投資原則とその前文から成る。2006年に国連環境計画・金融イニシアチブ（UNEP FI）と国連グローバル・コンパクト（国連GC）が策定した。日本取引所グループが作成している「ESG情報開示実践ハンドブック」によると、ESGのPRIは次のように項目づけられている。E＝気候変動、資源枯渇、廃棄、汚染、森林破壊など。S＝人権、強制労働・児童労働、労働条件、雇用関係など。G＝贈収賄・汚職、役員報酬、役員構成・多様性、ロビー活動・政治献金、税務戦略など。

ビジネスと人権に関する指導原則（――トジンケンニカンスルシドウゲンソク）　2011年に国連の人権理事会で全会一致で支持された文書で、「人権を保護する国家の義務」、「人権を尊重する企業の責任」、「救済へのアクセス」の3つの柱から構成される。国際社会においては人権を守る枠組みや取り決めがなされてきたにもかかわらず、人権侵害があとを絶たず、とりわけ企業による国境をまたいだ人権侵害が続いており、何ができるかという問いに対してハーバード大学のジョン・G・ラギー教授が中心となって国連が策定。あらゆる国家および企業に、その規模、業種、所在地、所有者、組織構造にかかわらず、人権の保護・尊重への取り組みを促す。

FTSE4Good Index（フッツィーフォーグッドインデックス）　ロンドン証券取引所グループ傘下のFTSE Russell（フッツィー・ラッセル）が発表する投資家向けのESGインデックス。企業のサステナビリティマネジメントや取り組み実績に基づき、独自のESGレーティング評価を実施し、評価結果を下に構成銘柄が選定される。

プラネタリー・バウンダリー　人類が生存できる安全な活動領域とその限界点のこと。地球限界、惑星限界などと訳される。スウェーデンの環境学者ヨハン・ロックストロームらが2009年に限界の範囲となる9つの要素を分析して提唱。9つの要

素は、①気候変動②オゾン層破壊③海洋酸性化④生物圏の健全さ⑤淡水利用⑥土地利用変化⑦新化学物質⑧生物地球化学的循環⑨大気エアロゾルによる負荷。

マテリアリティ　組織にとっての「重要課題」を指す。もともとはアニュアルレポートなどの財務情報の開示用語として使われてきたが、近年はESG分野の非財務情報の重要な取り組みに対して用いられるようになった。サステナビリティの観点からSDGsの中のさまざまな社会課題を自社の事業活動を通じて解決するべく、自社の経営資源を振り分け、ウエイトづけを行い特定・公表した課題項目。マテリアリティの特定、開示に関しては国際的なガイドラインに沿って行われるが、現状ではガイドラインが複数あり、それぞれのガイドラインによってマテリアリティの定義も変わってくる。何を参考にしたらよいのかわからないという声も少なくなく、こうした混乱の解消のために2021年11月に、国際サステナビリティ基準審議会（ISSB）が設立されるなど、統合の方向に向かいつつある。

マテリアルフローコスト会計（――カイケイ）　原材料、資材などのマテリアルのロスを物量とコストで“見える化”する環境管理会計手法の一つ。英文のMaterial Flow Cost Accountingの頭文字をとって「MFCA」と略して使われることも多い。ドイツのIMUで開発され、日本には2000年に導入された。使用量・購入量を削減し、原材料費低減に直結するだけでなく、資源効率を高める環境負荷低減の取り組みになるとして、規格化が進められ、2011年、ISO14051（MFCA）として国際規格化された。

6つの資本（ムッツノシホン）　持続可能な経済システムを支えるために、IIRC（国際統合報告評議会）が提唱するフレームワーク。次の6つを指す。①財務資本：株式、借入金、寄付金など、企業が経済的な取引によって得た資金②製造資本：建物、設備、インフラなど、企業が物理的な生産活動に使用する資産③知的資本：特許、ブランド、ノウハウなど、企業が知識ベースで保有する無形の資産④人的資本：従業員の能力、スキル、モチベーションなど、企業が人材によって得る資産⑤社会・関係資本：顧客、取引先、地域社会などとの信頼や協力関係など、企業が社会的なつながりによって得る資産⑥自然資本：水、空気、土壌、生物多様性など、企業が自然環境から得る資源やサービス。財務的な価値だけでなく、非財務的な資本においても考慮すべきであることを提唱している。

6つの投資原則（ムッツノトウシゲンソク）　PRIに署名した投資家に求められる投資原則のこと。次の6つがある。①投資分析と意思決定のプロセスにESGの課題を組み込む②活動的な所有者となり、所有方針と所有習慣にESGの課題を組み入れる③投資対象の主体に対してESGの課題について適切な開示を求める④資産運用業界において本原則が受け入れられ実行に移されるように働きかけを行う⑤本原則を実行する際の効果を高めるために協働する⑥本原則の実行に関する活動状況や進捗状況に関して報告する。

予防原則（ヨボウゲンソク）　将来生ずる可能性のある悪影響を未然に防止することで、科学的不確実性を理由に取るべき措置を延期しないことをいう。

サステナビリティで、らしさと自信にあふれた企業像を結ぶ

一般社団法人グローバル・コンパクト・ネットワーク・ジャパンの有馬利男氏は「日本にはサステナビリティで先進的なポテンシャルがある」と語る。

実は今日のサステナビリティという言葉が誕生するきっかけをつくったのが日本だとしたら、驚かれるだろうか。

「持続可能な開発」を打ち出した「環境と開発に関する世界委員会」は、1982年の国連環境計画（UNEP）において、日本政府が特別委員会を提案したことから発足している。つまり日本はサステナビリティのいわば"生みの親"でもあるのだ。

日本企業はサステナビリティマネジメントにもっと自信をもっていい。

日本能率協会は、1942年の創立以来、「能率」をマネジメントの基本とした「経営革新の推進機関」として、日本企業の多様な課題に向き合いながら、人と組織をつないでイノベーションへの熱い共感を生むための場づくりに努めてきた。

われわれが得意とすることは、「つなぐ」ことである。「人と人」「人と組織」「組織と組織」をつなぎ、さらには世界への架け橋をつくりながら、一社一社が培ってきた有形無形の技術、技能、文化、そして人材を生かした「自社らしい」サステナビリティマネジメントの追求を後押ししたい。

その先に、日本企業が自信をもって描き結ぶサステナビリティマネジメント像があるとわれわれは信じている。

本書がその道標の一つになれば幸いである。

2024年3月
『Think!』編集部

THiNK! 別冊 No.13

「自社らしさ」が新たな価値を創り出す

サステナビリティ経営が
切り拓く日本の未来

2024年4月9日発行

監修	一般社団法人日本能率協会
監修担当	一般社団法人日本能率協会（小宮太郎、平川雅宏、松本素之）
ディレクター	長谷川大祐
編集協力	株式会社 Sacco（加藤俊）、Editorial Works（佐藤聡）
デザイン	株式会社 dig（成宮成、峰村沙那、大場澄香、山田彩子）
印刷・製本	昭栄印刷株式会社

発行者　田北浩章
©TOYO KEIZAI 2024

Printed in Japan ISBN978-4-492-96234-3
https://toyokeizai.net/

東洋経済新報社
〒 103-8345　東京都中央区日本橋本石町 1-2-1
電話　東洋経済コールセンター 03-6386-1040